Administração Regional do Senac no Estado de São Paulo

Presidente do Conselho Regional
Abram Szajman

Diretor do Departamento Regional
Luiz Francisco de A. Salgado

Superintendente Universitário e de Desenvolvimento
Luiz Carlos Dourado

Editora Senac São Paulo

Conselho Editorial
Luiz Francisco de A. Salgado
Luiz Carlos Dourado
Darcio Sayad Maia
Lucila Mara Sbrana Sciotti
Jeane Passos de Souza

Gerente/Publisher
Jeane Passos de Souza (jpassos@sp.senac.br)

Coordenação Editorial/Prospecção
Luís Américo Tousi Botelho (luis.tbotelho@sp.senac.br)
Márcia Cavalheiro Rodrigues de Almeida (mcavalhe@sp.senac.br)

Administrativo
João Almeida Santos (joao.santos@sp.senac.br)

Comercial
Marcos Telmo da Costa (marcos.tcosta@sp.senac.br)

Produção Fotográfica
Cláudio (Codo) Meletti

Produção de Objetos
Michele Moulatlet (com objetos do Atelier de cerâmica Paula Almeida, das lojas Camicado e Mo.d, e do acervo pessoal da produtora)

Edição e Preparação de Texto
Gabriela Lopes Adami

Coordenação de Revisão de Texto
Luiza Elena Luchini

Revisão de Texto
Érika Finati

Editoração Eletrônica
Antonio Carlos De Angelis

Impressão e Acabamento
Coan Indústria Gráfica

Proibida a reprodução sem autorização expressa.
Todos os direitos desta edição reservados à

Editora Senac São Paulo
Rua 24 de Maio, 208 – 3º andar
Centro – CEP 01041-000 – São Paulo – SP
Caixa Postal 1120 – CEP 01032-970 – São Paulo – SP
Tel. (11) 2187-4450 – Fax (11) 2187-4486
E-mail: editora@sp.senac.br
Home page: http://www.editorasenacsp.com.br

© Editora Senac São Paulo, 2017

Dados Internacionais de Catalogação na Publicação (CIP)
(Jeane Passos de Souza - CRB 8ª/6189)

Ferraz, Patrícia
    Comida cheia de história : receitas e crônicas deliciosas de uma jornalista de gastronomia / Patrícia Ferraz; prefácio Josimar Melo. – São Paulo : Editora Senac São Paulo, 2017.

    ISBN 978-85-396-1988-7 (impresso/2-17)
    e-ISBN 978-85-396-1989-4 (ePub/2017)
    e-ISBN 978-85-396-1990-0 (PDF/2017)

    1. Gastronomia 2. Culinária 3. Cardápios (receitas e preparo) I. Melo, Josimar. II. Título.

17-632s   CDD-641.508
                                           BISAC CKB115000

Índice para catálogo sistemático
1. Gastronomia : Cardápios (receitas e preparo)   641.508

PATRÍCIA FERRAZ

Comida cheia de história

Receitas e crônicas deliciosas de uma jornalista de gastronomia

Editora Senac São Paulo – São Paulo – 2017

SUMÁRIO

Nota do editor, 9
Prefácio – *Josimar Melo*, 11
Agradecimentos, 15
Introdução, 17
   Pesos e medidas, 19

ENTRADAS E APERITIVOS

O HOMEM A QUEM TODO MUNDO QUER AGRADAR, 24
» Charlotte de batata com ovas, 26

DIPLOMACIA DE MENU, 28
» Brie com alho-poró crocante com vinagrete de framboesa, 30

GARÇONETE POR UM DIA, 32
» Caçarolinha de legumes assados, 35

A REVANCHE DO SAL, 37
» Bruschetta de tomate, 38

MAÇÃ INSANA, 41
» Berinjela aperitivo, 42

SEM MEDO DA MEDJOOL, 45
» Tâmara recheada com cream cheese e pó de presunto cru, 47

O PATO QUE EU PAGUEI, 48
» Terrine de foie gras do La Casserole, 50
» Terrine de campanha com pistache do La Casserole, 52

PESCARIA NA CEAGESP, 55
» Peixe marinado à caprese, 57

NINGUÉM É PERFEITO, 58
» Tortilha de batata, 60

ABRAÇO COMESTÍVEL, 62
» Ovos com purê de batata, 64

CAPRINO DOMÉSTICO, 66
» Queijo de cabra tipo boursin, 69
» Mascarpone, 70

MUITO ALÉM DO PORCO, 72
» Torresmo de pancetta com goiabada e picles de cebola, 74

SOPAS E SALADAS

UMA DAS BOAS COISAS DA VIDA, 78
» Ribollita, 81

TOQUE DA BOEMIA, 83
» Sopa de cebola francesa, 84

ITALIANOS QUE NÃO EXISTEM NA ITÁLIA, 87
» Salada *dei Cesari*, 89

LENTILHAS *COMME IL FAUT*, 90
» Salada de lentilha, miniagrião, beterraba e queijo de cabra, 91

PÃO E TOMATE, TODO MUNDO TEM, 94
» Panzanella, 95

MASSAS

ALI TODO MUNDO ERA *DOTORE*, 101
» Penne com camarão, tomate e pesto, 103

GUARDIÃ DO PRATO, 104
» Espaguete com feta, 105

AVANTI, CARBONARI, 108
» Espaguete à carbonara, 109

O FILHO DA MÃE, 113
» Fettuccine ao creme de limão-siciliano, 114

O XIS DO TOMATE, 116
» Espaguete com molho rápido de tomate, alho e azeite, 119
» Penne com o molho de tomate da Marcella Hazan (adaptado), 120

SIMPLES ASSIM, 122
» Cabelo de anjo com manteiga de sálvia, 123

O PRATO DE QUINTA, 127
» Nhoque de semolina, 129

GRÃOS

RECONCILIAÇÃO, 132
  » Risoto de linguiça toscana, 134
  » Risoto de limão-siciliano, 137
VÍTIMAS DO ENTUSIASMO, 139
  » Paella veggie, 141
PERNIL BÊBADO, 142
  » Arroz de pernil com cachaça, 143
DO ESPETO PARA
A PANELA, 147
  » Carreteiro de churrasco, 149
CONVERTIDA POR UMA
COLHERADA, 151
  » Lentilhas com bacon, 152
O PRATO DA FAMÍLIA, 155
  » Arroz com camarão
    à provençal, 157

CARNES, AVES E PEIXES

O MELHOR CEVICHE DO
MUNDO, 160
  » Ceviche de linguado, 162
"TEM UMAS COISAS QUE VOCÊ
PRECISA SABER...", 164
  » Bacalhau do Mário, 165
PARDON, FRANÇOIS, 168
  » Linguado assado com limão,
    manjericão, presunto cru e
    azeitonas, 169
O MELHOR TACO
DO MUNDO, 172
  » Tacos com pernil e
    guacamole, 175
INATINGÍVEL, 177
  » Stracotto, 178
A DEUSA DE RUNATE, 181
  » Pernil de cordeiro ao forno, 182

SANDUÍCHES

BY APPOINTMENT, 186
  » Sanduíche de pepino, 188
  » Sanduíche de salmão, 189
O MEU BAR, 190
  » Sanduba de carpaccio, 191
HERANÇA VIKING, 194
  » Sanduíche aberto de abacate e
    camarão, 195
MONTADITO NÃO É
BOCADILLO NEM PINTXO, 199
  » Montadito de salmão, 200
  » Montadito de alcachofra, 203
PÃO DURO, QUEIJO
RESSECADO, 204
  » *Mozzarela in carozza*, 205

SOBREMESAS

KITCHEN NIGHTMARE, 210
  » Tarte tatin de pera, 213
QUEBRANDO TABUS, 214
  » Chiffon de mexerica, 216
JOVEM COM PINTA
DE VELHO, 219
  » Tiramisu clássico, 221
  » Tiramisu de limoncello, 222
INESQUECÍVEL, 225
  » Torta musse, 227
COMO NASCE
UM CLÁSSICO, 229
  » Compota de kinkan com
    fromage blanc, 230
À MESA COM MURPHY, 232
  » Babá ao rum em calda
    cítrica, 233

Índice temático, 236

Sobre a autora, 238

NOTA DO EDITOR

Misturar ingredientes e descobrir combinações prazerosas; viajar, experimentar novos ares e novos sabores; conhecer vertentes inovadoras ou revisitar os clássicos em restaurantes conceituados... A gastronomia oferece experiências únicas, e, com uma bagagem como a de Patrícia Ferraz, boas histórias e receitas saborosas é que não faltam.

Com um texto leve e bem-humorado, em *Comida cheia de história* a autora conduz o leitor aos bastidores do mundo do jornalismo gastronômico, relembrando (com a mesma emoção de quando as viveu) as histórias divertidas e inusitadas sobre pratos – e pessoas – que marcaram sua vida e sua carreira, seguidas pelas respectivas receitas, preparadas de forma prática e simples para que possam ser repetidas em casa.

A organização das receitas segue as categorias convencionais (entradas e aperitivos; sopas e saladas; massas; grãos; carnes, peixes e aves; sanduíches e sobremesas), mas, para facilitar, ao final do livro há um índice temático para que o leitor possa escolher o que preparar inspirado na ocasião, nas características do prato, no nível de facilidade, na época do ano, etc.

Todas as receitas são, ainda, acompanhadas de dicas "para não errar", que indicam os pontos em que os pratos podem desandar e reforçam os cuidados que garantem o acerto.

Este lançamento do Senac São Paulo é ao mesmo tempo uma leitura prazerosa e uma ferramenta para que os amantes da culinária possam praticar, aprendendo novos pratos e truques, e receber amigos à mesa para compartilhar bons momentos e boas histórias.

PREFÁCIO

Acho que há pelo menos dois tipos de leitores de livros de receita. O mais óbvio, a razão de ser do livro, é aquele como a Patrícia Ferraz, que realmente faz os pratos, e para isso leva o livro à cozinha até que este se transforme em uma massa amorfa de restos e respingos de suco de tomate, geleia de tamarindo, gordura de frango e, com sorte, umas bolotinhas de caviar… (Levado ao forno, como será que ficaria?)

Há também o outro tipo de consumidor desses livros – é este que vos escreve. Eu chamaria de "leitor platônico". Meus livros de culinária – são centenas – não entram na cozinha. E, no entanto, eu os leio, às vezes vorazmente, mas me entregando a meu prazer de leitor, mais do que de cozinheiro. Acontece que depois de ler eu também cozinho os pratos, mas do meu jeito, desorganizado e intuitivo (pobres dos meus convivas): pego algo do essencial de cada receita, ou uma firula que me encanta, e quando resolvo cozinhar, com sorte, uso direito algo que aprendi nessas leituras perdidas no tempo.

Por exemplo: Patrícia diz que subverte sua receita de carbonara adicionando vinho branco. Pois eu também. Nesse caso, lembro-me exatamente de onde veio a sugestão de afogar em álcool o guanciale: foi de um livro de Marcella Hazan. Sugestão que devo ter colocado em prática meses ou anos depois da leitura, sem respingar nenhuma gota de azeite extravirgem naquelas páginas que seguem intactas (ainda que muito manuseadas).

Considerando esses dois perfis de leitores, a quem se dirige, então, este livro da Patrícia? Bem, na verdade, a todo mundo. Ao ler suas receitas, e a julgar também por minha longa experiência de *voyeur*, posso asseverar que são claras, sugestivas – e que funcionam. Posso apostar mesmo no escuro com você, leitor que coloca as mãos à obra.

Mas e se você é mais leitor que cozinheiro? Está no lucro também – e duplamente: primeiro porque, lendo as receitas, terá um monte de ideias bacanas para arquivar na sua memória caótica, que certamente saltarão para suas panelas se porventura quiser algum dia enfrentar o fogão; e segundo porque cada uma delas vem antecedida de uma história saborosa, que o autoriza até mesmo a ler o livro pulando as receitas, sorvendo apenas os episódios e personagens que povoaram a longa e invejável trajetória profissional da jornalista.

Assim, seja você o leitor "carnal", seja o platônico, vire logo a página e comece a cozinhar – ou somente a salivar.

Obs.: Fiquei feliz em saber que algo do que Patrícia hoje nos transmite foi aprendido em aulas do Boa Mesa, evento que eu idealizei e dirigi por anos (e que infelizmente terminou perecendo) – viu só? Para algo serviu…

JOSIMAR MELO
Jornalista e crítico gastronômico

Ao meu pai, João, que me ensinou a gostar de comer.

À Marina e ao Delmo, meus maiores motivos para cozinhar.

AGRADECIMENTOS

À minha **avó Negrinha**, a primeira pessoa que vi fazer da cozinha uma maneira de demonstrar amor.

À Anna Cândida da Cunha Ferraz, a **tia Candinha**, minha querida madrinha, a quem devo, além de todo o carinho e cuidado, minha intimidade com o teclado: ela me deixava usar a máquina de escrever, felicidade suprema na infância.

À **Alexandra Forbes**, minha amiga querida, ex-pupila, por ter me ajudado a entrar na gastronomia profissionalmente, transformando meu *hobby* em trabalho.

Ao **Ilan Kow**, por me levar para o *Paladar*. E por me apresentar à Rita Lobo.

À **Rita Lobo**, por insistir que eu contasse minhas histórias num livro em vez de publicar só receitas.

À **Rosa Moraes**, que batalhou para que eu fizesse a pós-graduação em gastronomia, na Anhembi-Morumbi.

A **Maurício Lopes, Heloisa Rodrigues, Luiz Araújo, Hélio Takeda** e **Edmundo Issa**, meus mestres queridos na pós-graduação.

À **Dulce Amabis**, pela sensibilidade, pela sabedoria e por cuidar de mim com generosidade.

Ao **Roberto Smeraldi**, por me apresentar à Jeane Passos, do Senac.

À **Jeane Passos** e a toda a equipe da Editora Senac São Paulo.

À **Denise Coutinho**, pelo apoio logístico de sempre.

À **Isabelle Moreira Lima**, incentivadora e freguesa das minhas receitas.

À **Carla Peralva**, meu "HD externo", consultora para assuntos tecnológicos e dona das melhores dicas para redes sociais.

À **Cláudia Mota**, a querida Claudinha, sempre disposta a ajudar e incansável na busca das matérias antigas na *Gula*.

A **Sônia** e **Mariza Frutuoso**, as melhores copeiras e ajudantes de cozinha.

À **Michele Moulatlet**, pelo bom gosto, por ceder objetos de seu acervo pessoal para as fotos e por pegar, de primeira, o espírito do livro.

Ao **Codo Meletti**, pela combinação de olhar, talento, luz, envolvimento e paciência.

À **Renata Mesquita**, cozinheira talentosa, minha super-hiper ajudante, produtora, compradora de ingredientes: obrigada pelo envolvimento.

À **Vitória** e ao **Marcelo Ferraz**, pela ajuda e pelo apoio generoso, sempre.

À **Dora Scognamiglio da Cunha Ferraz**, minha mãe, que, acima de tudo, torce muito por mim. Ela não gosta de cozinhar, mas, ainda assim, arrasa quando faz o camarão à provençal, o bolo de tâmaras e uma belíssima feijoada. E tem uma caixinha de receitas incríveis com recortes de jornais e revistas que colava em fichas, anos atrás.

A **Marina, Paula** e **Mariana Moreira**, filha e enteadas, minhas amadas meninas, pela torcida e pelo carinho.

Ao **Delmo Moreira**, por tudo, desde o começo. Pelo prazer de compartilhar a vida com você. Pelo companheirismo, pelos grandes momentos, por me fazer rir. E, neste caso, obrigada também por todo o estímulo, pela leitura cuidadosa dos textos (tantas vezes!) e pelas sugestões precisas e preciosas. Você fez toda a diferença.

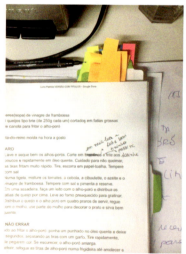

INTRODUÇÃO

Dei os primeiros passos na vida de jornalista de gastronomia – sem ter a menor ideia disso – quando eu tinha uns 9 ou 10 anos de idade e passava as férias na casa da minha avó Negrinha. Com dez filhos e uma penca de netos, minha avó estava sempre preparando alguma coisa na cozinha, porque toda hora havia alguém chegando para tomar um cafezinho com bolo de fubá, para almoçar ou para jantar. Eu adorava o movimento e a mesa cheia de gente e de comida boa. Quando não estava vendo minha avó cozinhar, estava fechada no quarto da tia Candinha, minha madrinha, que me deixava usar a máquina de escrever. Passava tardes batendo teclas, na maior felicidade.

Bem, ainda passo as tardes assim, boa parte delas na maior felicidade. Há vinte anos tive a sorte de conseguir transformar em trabalho meu *hobby*: comer e cozinhar. Fui contratada para fazer isso e ainda por cima escrever a respeito. Quer coisa melhor?

Já faz tempo que escrevo sobre comida e bebida, mas a ideia de publicar um livro sobre o assunto é recente. Eu andava me divertindo (e ralando) em um curso de gastronomia extratrabalho, quando Rita Lobo perguntou se eu não pensava em fazer um livro. Respondi que sim, mas que era assunto para depois de terminar o curso. Não lembro exatamente quando foi essa conversa, mas, quando me formei, voltamos a falar do livro. Eu queria reunir os melhores pratos da minha coleção; a Rita insistiu para que eu contasse minhas histórias de jornalismo gastronômico. *Comida cheia de história*, então, tem um pouco das duas ideias: selecionei, entre minhas receitas favoritas, aquelas sobre as quais eu tinha boas histórias para contar.

A Editora Senac São Paulo, parceira da Rita, adorou a ideia e logo o trabalho com o livro começou. A finalização das fotos foi uma maratona: em apenas duas semanas preparamos e fotografamos mais de cinquenta pratos – uma média de oito receitas por dia (descansamos no fim de semana, e cozinhei, sem fotos, durante dois outros dias). Fizemos tudo na minha casa, um apartamento cuja cozinha tem 9 m² e nenhum equipamento sofisticado. A sala foi transformada em estúdio, com luzes, câmeras e mesas repletas de pratos, potes, talheres, guardanapos e todo tipo de objeto para compor as fotos.

Organizamos nossa gincana por temas: um dia para os sanduíches, outro para as sobremesas, as carnes e assim por diante. Durante essas duas semanas, nossas refeições (da equipe e da família) também seguiram a ordem temática – o dia das massas foi uma maravilha, mas também teve aquela sexta-feira em que só havia doces...

O trabalho alternava-se em turnos. De manhã, a atividade maior se concentrava na cozinha. À tarde, na sala. A movimentação começava cedo com a chegada da Sônia Frutuoso ou da irmã dela, Mariza, nossas ajudantes. Com a lista das receitas do dia em mãos, elas separavam os ingredientes, pesavam, lavavam, cortavam. Logo entrava em ação a Renata Mesquita, repórter e chef, que me ajudou a testar (de novo) e preparar as receitas. Ela trazia os ingredientes frescos e tudo aquilo de que iríamos precisar no dia seguinte. Passava as manhãs me ajudando e dava expediente no jornal durante a tarde e à noite, numa maratona paralela. Quando o fotógrafo Codo Meletti e a produtora Michele Moulatlet entravam em cena, lá pelas duas da tarde, era hora de finalizar os pratos. Eu montava um por vez e levava até o set, dando meus palpites (quando os ajustes milimétricos do guardanapo e da colher se estendiam por muito tempo, eu saía de fininho...). A dupla buscava o clique perfeito na maior tranquilidade, ao som de MPB ou jazz, a playlist do Codo.

Tudo isso não foi por preguiça de sair. A ideia de fazer as fotos em casa tem fundamento: mostrar que as receitas deste livro podem ser feitas por qualquer pessoa, em qualquer cozinha. Não é preciso ser um grande cozinheiro nem ter equipamentos sofisticados para acertar o preparo dos pratos. As dimensões da cozinha e a falta de um forno combinado e de Thermomix® nunca foram empecilho para um dos meus grandes prazeres na vida: cozinhar e receber amigos à mesa. E é esse o clima que eu queria para *Comida cheia de história*. Espero que você goste.

(Ah! E, sobre as receitas, um aviso: praticamente todas foram adaptadas. É que não consigo deixar de mexer, mesmo em algumas autorais... Espero que você fique à vontade para fazer o mesmo, mas só na segunda vez. Aprendi na prática que, para adicionar os próprios pitacos às receitas, é preciso primeiro fazer uma vez exatamente como está indicado; aí você avalia o que pode melhorar e, na próxima vez, adapta.)

PATRÍCIA FERRAZ

PESOS E MEDIDAS

Para medir os ingredientes utilizados nas receitas, é sempre melhor usar uma balança, porque o tamanho de copos, xícaras e colheres – e mesmo dos medidores – pode variar muito. Além disso, a quantidade de farinha que cabe numa xícara é diferente da quantidade de açúcar...

No entanto, como muita gente prefere cozinhar medindo em xícaras e colheres, resolvi indicar as duas formas nas receitas, aproximando em alguns casos. Para facilitar, a tabela a seguir mostra algumas medidas usadas neste livro:

1 xícara de chá	240 ml	120 g de farinha de trigo	160 g de açúcar	200 g de arroz	100 g de queijo parmesão ralado
½ xícara de chá	120 ml	60 g de farinha de trigo	80 g de açúcar	100 g de arroz	50 g de queijo parmesão ralado
⅓ de xícara de chá	80 ml	40 g de farinha de trigo	53 g de açúcar	66 g de arroz	33 g de queijo parmesão ralado
¼ de xícara de chá	60 ml	30 g de farinha de trigo	40 g de açúcar	50 g de arroz	25 g de queijo parmesão ralado
1 colher de sopa	16 ml	10 g			
½ colher de sopa	8 ml	5 g			
1 colher de chá	5 ml	3,5 g			
½ colher de chá	2,5 ml	1,75 g			
1 tablete de manteiga	200 g				
1 cálice de vinho	100 ml				

ENTRADAS E APERITIVOS

O HOMEM A QUEM TODO MUNDO QUER AGRADAR

Cheguei esbaforida ao Apicius e só quando já estava na entrada me dei conta de que o lugar era um palacete instalado dentro de um parque privado, a poucos metros da Champs-Élysées. Cheia de sacolas e meio desgrenhada depois de ter corrido duas quadras – desci do táxi por causa do trânsito e fui a pé para não atrasar –, atravessei o lindo jardim sem tempo para olhar e parei diante da porta principal, antecipando o olhar *acho-que-a-madame-se-enganou-de-restaurante* que recebi do maître.

Recuperei o fôlego e perguntei: "*Monsieur* Naret já chegou?". O maître fez que não entendeu. Insisti. "Tenho um almoço com o *monsieur* Naret, ele já está aqui?". O sujeito ficou lívido: "'*O*' *monsieur* Naret, do Guia Michelin?". Fiz que sim com a cabeça e o homem ativou uma reação em cadeia; uma espécie de corrente elétrica envolveu toda a brigada. Dava para sentir a excitação de maîtres, garçons e sommeliers. A reserva tinha sido feita com outro nome e o diretor-geral do mais célebre guia de restaurantes do mundo estava chegando sem aviso.

Imediatamente me tornei a *madame-que-estava-no-restaurante-certo*: livraram minhas mãos das sacolas, fui acomodada na sala de espera e num minuto eu já estava com uma taça de champanhe na mão. Logo chegaram duas outras jornalistas brasileiras que iriam almoçar conosco.

Pude ver o alvoroço discreto quando Jean-Luc Naret entrou pela porta principal, com dez minutos de atraso, vestindo seu indefectível terno cinza-claro bem cortado, com camisa branca e sem gravata.

No trajeto até a mesa passamos por várias salas, todas pequenas, elegantíssimas. Sentamos com vista para o jardim. O serviço era invisível, mas, se alguém de nós levantasse um pouco o olhar ou se virasse para o lado, um dos garçons se materializava. E quanta gentileza!

Naret era o típico *bon-vivant*, com a pele bronzeada e um ar *blasé* de passageiro de primeira classe – ele, de fato, passava a semana viajando; na época estava às voltas com a expansão do Michelin. Mas contou que, independentemente de onde estivesse, voltava para passar o fim de semana em Paris. Ele estava exultante: a festa de cem anos do guia, na noite anterior, tinha sido um sucesso. Havia chefs de toda a Europa, além dos franceses famosos, e jornalistas do mundo todo. O Michelin fechou o Musée d'Orsay para o evento – um luxo poder fazer uma visita noturna ao museu, cercada de chefs-celebridades.

Com afetação discreta, Jean-Luc Naret pediu pratos que não estavam no cardápio. Para começar, ovos defumados em emulsão de crustáceo e butarga. Como prato principal, escolheu um linguado com trufas negras do Périgord, acompanhado de charlotte de batatas com caviar. Copiei o pedido – o peixe estava fresquíssimo, com um molho delicado, mas o que era aquela salada de batata coberta com caviar? Espetacular!

Não pedi a receita – não tinha clima para isso, com toda aquela sofisticação, a empáfia das duas estrelas (desde 2014 tem uma estrela) e os vinhos que o sommelier foi trazendo (champanhe Laurent-Perrier 1999 para começar, depois Crozes-Hermitage Pends Blanc Tardy 2005 com os pratos principais). Tratei de conseguir a receita pela internet, e descobri que o chef Jean-Pierre Vigato, que é o dono do restaurante Apicius, às vezes serve também essa charlotte como entrada, com trufas negras, durante a temporada.

Bom, uso ovas de capelin em vez de caviar, por motivos óbvios. Fica ótimo também com uma saladinha de ovos cozidos ralados (no ralo grosso) por cima. Mas o ideal é enformar a charlotte num aro de metal (ou uma minifôrma), senão ela perde metade da graça.

CHARLOTTE DE BATATA COM OVAS

Suco de ½ limão e mais 2 gotas

30 ml (2 colheres de sopa) de creme de leite fresco

280 g de batatas (2 ou 3 batatas grandes)

Sal de Guèrande (ou qualquer outra flor de sal) a gosto

Pimenta-do-reino moída na hora a gosto

15 g (1 e ½ colher de sopa) de cebolinha-francesa (ciboulette) picada

50 g (¼ de tablete) de manteiga sem sal em temperatura ambiente

1 pitada de pimenta-de-caiena

30 g (3 colheres de sopa) de caviar ou ovas de capelin

[4 porções]

1. Prepare o crème fraîche colocando duas gotas de limão no creme de leite fresco. Misture e espere alguns minutos antes de usar.

2. Cozinhe as batatas com casca em água fervente por 20 minutos.

3. Depois de cozidas, escorra, descasque e amasse as batatas grosseiramente com um garfo enquanto ainda estiverem quentes. Tempere-as com sal e pimenta-do-reino.

4. Pique a ciboulette e misture-a com a manteiga em temperatura ambiente. Junte-as às batatas amassadas e misture.

5. Tempere o crème fraîche com a pimenta-de-caiena e o suco de ½ limão e junte-o às batatas.

6. Coloque um aro de metal em um dos pratos de servir. Preencha o aro com a salada de batata e aperte para ajustar o formato.

7. Disponha as ovas no topo e tire o aro com cuidado para não desmontar.

8. Para finalizar, decore com uma ou duas folhas de ciboulette. Monte os quatro pratos da mesma maneira e sirva em temperatura ambiente.

PARA NÃO ERRAR

» É importante temperar as batatas enquanto ainda estão quentes para que peguem melhor os temperos.
» Se não tiver aro de metal, use um bowl pequeno ou uma xícara de chá para dar forma à charlotte.

VARIAÇÃO

» Em vez de caviar, você também pode usar uma saladinha de ovo – nesse caso, cozinhe dois ovos por 10 minutos, descasque e pique-os. Tempere com azeite, sal, pimenta-do-reino moída na hora e 2,5 ml (½ colher de chá) de vinagre de vinho branco, e espalhe sobre a charlotte de batata.

DIPLOMACIA DE MENU

Foi esta entrada que mudou a vida de Roberta Sudbrack. A primeira-dama Ruth Cardoso adorou a combinação de queijo brie gratinado com alho-poró frito e vinagrete de framboesa, e perguntou à anfitriã e amiga de longa data, Maria Helena Gregori, quem estava cozinhando naquela noite. Era uma "personal gourmet" que fazia jantares em Brasília: Roberta Sudbrack tinha sido indicada por Ana Samico, secretária de José Gregori, o então Secretário Nacional dos Direitos Humanos (e mais tarde Ministro da Justiça). O presidente Fernando Henrique Cardoso chegou tarde ao jantar; os amigos já estavam terminando as costeletas de cordeiro com lentilhas, o prato principal, mas ouviu tantos elogios à entrada que pediu para provar.

Depois da compota de carambola, servida como sobremesa, dona Ruth quis conhecer a cozinheira. E dali a convidá-la para ser a primeira chef de cozinha mulher do Palácio da Alvorada foram necessários apenas alguns almoços e jantares contratados pelo cerimonial do Palácio.

Com talento e bastante coragem, muitos anos antes de ser eleita a melhor chef mulher da América Latina no ranking do *The World's 50 Best Restaurants*, a gaúcha autodidata assumiu a brigada do Palácio em abril de 1999. Até então, a equipe não tinha profissionais: eles eram militares que se revezavam entre as cozinhas do palácio e do quartel. A especialidade da casa? Comida para batalhão. A nova chef fez o reconhecimento do local e traçou seu plano de ataque. Dispensou panelões, encontrou novos fornecedores, implantou uma horta de ervas e temperos, ensinou a tropa a preparar os caldos e as bases de vários pratos.

A comida do palácio mudou. A fama do picadinho com farofa de cenoura e chips de banana, batizado em homenagem ao presidente, espalhou-se e todo mundo queria provar. O arroz de pato passou para a história como o prato que o presidente pedia para requentar. (O episódio ficou célebre porque, na primeira vez que a chef fez o arroz de pato, o presidente ligou para a cozinha antes de terminar o almoço e mandou guardar as sobras para poder repetir à noite.)

Numa espécie de diplomacia de menu, Roberta mostrava ingredientes e pratos da cozinha nacional sempre que havia algum convidado estrangeiro. Compota de fruta, abóbora com carne-seca, perdiz com jabuticaba – ia variando o repertório. Não era raro ser chamada para receber aplausos no salão ao fim da refeição. Teve até convidado querendo levar a chef para casa, e essa é uma das histórias que ela mais gostava de contar na época: o chanceler alemão Gerhard Schröder disse que gostou tanto da comida que iria levar a cozinheira embora. O presidente Fernando Henrique rapidamente estendeu-lhe o menu e respondeu: "Prefiro que o senhor leve o cardápio".

Roberta Sudbrack estava ficando conhecida entre os políticos e diplomatas, mas pouca gente fora desse círculo sabia quem ela era. E foi só depois de muita insistência que concordou em dar entrevista e preparar alguns pratos. Eu queria ir à cozinha do Palácio, fiz uma solicitação oficial, porém o pedido foi negado. O jeito foi trazer Roberta para São Paulo. Não dava para deixar os patrões sem comida, então marcamos a entrevista para um fim de semana em que o presidente estaria fora de Brasília. "Mas e a louça, Roberta? O legal seria fotografar nos pratos oficiais..." Essa foi fácil: a chef desembarcou na Escola Wilma Kövesi (Beth Kövesi nos emprestou a cozinha) com três pratos da Presidência da República devidamente embrulhados – prato fundo, prato

raso e pratinho de sobremesa, uns com frisos dourados e outros com bordas trabalhadas.

Roberta deu um show enquanto cozinhava. Contou histórias, foi se lembrando de gostos e restrições alimentares de convidados ilustres. José Serra não come cebola nem alho e não adiantava disfarçar, picando miudinho; no prato de Mário Covas não podia ter nenhum "verdinho", como salsinha e cebolinha – ele odiava. E, quando o convidado era o Ministro da Fazenda, Pedro Malan, a ordem era espaçar o envio dos pratos, pois ele demorava para comer. A chef fez a entrada da dona Ruth, o picadinho do presidente e vários outros pratos para ilustrar a reportagem publicada em fevereiro de 2000 na *Revista Gula*.

Roberta Sudbrack ficou no Palácio até o fim do mandato de Fernando Henrique. Quando o presidente Lula tomou posse, em janeiro de 2003, ela foi dispensada. Azar dos visitantes estrangeiros ilustres, que voltaram à comida de batalhão. E sorte dos mortais (bem, dos mortais endinheirados...) que puderam frequentar o restaurante que ela abriu no Rio de Janeiro em 2004, e funcionou até o fim de 2016.

A cozinha de Roberta foi se sofisticando, evoluindo, mas desde os tempos do Palácio a chef manteve o entusiasmo pelos ingredientes nacionais, especialmente os que costumam ser desprezados. Diz que gosta mesmo é de trabalhar com produtos simples, como jaca e chuchu. E faz mesmo grandes pratos com eles.

BRIE COM ALHO-PORÓ CROCANTE E VINAGRETE DE FRAMBOESA

1 litro de óleo de canola

5 ou 6 alhos-porós (só as partes brancas)

20 g (2 colheres de sopa) de farinha de trigo

Sal a gosto

2 tomates

¼ de cebola pérola

30 talos de cebolinha-francesa (ciboulette)

96 ml (⅓ de xícara mais 1 colher de sopa) de azeite extravirgem

32 ml (2 colheres de sopa) de vinagre de framboesa

Pimenta-do-reino moída na hora a gosto

2 queijos tipo brie pequenos (250 g cada um) de latinha cortados ao meio

[4 porções]

1. Aqueça o óleo de canola em uma frigideira funda.

2. Lave e seque bem os alhos-porós. Corte-os em rodelas finas, polvilhe com a farinha de trigo e frite no óleo quente. (Cuidado para não queimar, pois as tiras fritam muito rápido!)

3. Tire os alhos-porós do óleo, escorra em uma peneira e coloque sobre um papel-toalha para retirar o excesso. Tempere com sal e reserve.

4. Retire a pele e as sementes dos tomates e corte-os em cubinhos (concassé).

5. Descasque a cebola e corte-a em cubinhos de tamanho semelhante ao dos tomates.

6. Separe 16 talos de ciboulette para a decoração e pique o restante fininho.

7. Em uma tigela, misture os tomates, a cebola, a ciboulette, o azeite e o vinagre de framboesa. Tempere com sal e pimenta e reserve.

8. Preaqueça o forno a 180 °C por 5 minutos.

9. Em uma assadeira, faça quatro montinhos de alho-poró frito e distribua as metades de queijo por cima. Em seguida, leve ao forno preaquecido para gratinar.

10. Retire do forno e distribua o alho-poró com queijo em quatro pratinhos de servir. Regue com o vinagrete de framboesa, decore com dois talos de ciboulette e sirva bem quente.

PARA NÃO ERRAR

» Cuidado ao fritar o alho-poró: ponha um punhado no óleo quente e deixe alguns segundos, separando as tiras com um garfo. Tire rapidamente, antes de pegarem cor: se escurecer, o alho-poró amarga.

» Se seu forno tiver grill, em vez de aquecer os montinhos de alho-poró com queijo, você pode apenas ligar o grill para gratinar o queijo.

» Se não gostar do contraste doce/salgado, reduza a quantidade de vinagre de framboesa. Mas não deixe de usá-lo, pois ele dá um toque especial ao conjunto!

VARIAÇÃO

» Se preferir, em vez de fritar, refogue as tiras de alho-poró numa frigideira até amolecer e leve ao forno com o queijo. O prato perde a crocância original, mas o sabor fica ótimo.

GARÇONETE POR UM DIA

Simples e muito reconfortante, esta receita é inspirada numa caçarolinha de legumes fumegantes que provei no Daniel, em Nova York, em março de 2005. Achei surpreendente encontrar um prato tão despretensioso no cardápio de um restaurante como aquele. Na época, o Daniel tinha a cotação máxima de quatro estrelas do *The New York Times* e estava no auge (hoje tem três estrelas do jornal e duas do Michelin). Aquela era minha segunda refeição no restaurante – tecnicamente a primeira, se considerarmos que na véspera eu tinha comido de pé, na cozinha, provando uma coisa ou outra do almoço de aniversário do chef Daniel Boulud.

Francês de Lyon, Daniel desembarcou nos Estados Unidos em 1982, por indicação de Paul Bocuse, para trabalhar num hotel, e acabou construindo um império – são treze restaurantes ao todo, sete deles em Nova York. Estava fazendo 50 anos e os amigos resolveram promover um almoço. Pode-se dizer que era uma festa do tipo que cada um leva um vinho e os amigos vão para a cozinha. Um convidado levou um Château Cheval Blanc 1921; outro, um La Tâche 1945; o crítico Robert Parker chegou carregando seu vinho preferido, o Château Haut-Brion, da mesma safra do aniversariante: 1955... Entre as outras preciosidades engarrafadas (ao todo, foram 27 vinhos de coleção) estava o raríssimo Maury, de 1880, que foi oferecido com o bolo. Quem não levou vinho, foi para a cozinha e era chef famoso: treze cozinheiros ao todo, vindos de várias partes do país, prepararam pratos para o banquete que foi servido numa sala privada anexa ao restaurante para um grupo de 22 homens, todos acomodados numa mesa única.

E o que é que eu estava fazendo ali? Reportagem. Mas disfarçada de garçonete. Na prática, vesti o terno preto e a camisa branca do uniforme, cruzei as mãos para trás e me plantei num canto do salão, imóvel, observando e tentando memorizar cada detalhe. Era a condição imposta por Daniel Boulud: não fazer nada, para não comprometer o serviço. Duro era quando alguém vinha pedir uma informação, perguntar alguma coisa... Daniel exigiu sigilo sobre a identidade dos convidados, avessos à imprensa; eu só sei que eram colecionadores de vinho e que no grupo havia alguns magnatas da construção civil, animados dois anos antes do estouro da bolha imobiliária. Mas, lembro que, lá pelas tantas, um sujeito se levantou e veio me perguntar, desconfiado, qual era exatamente minha função. "Observar", respondi. Ele insistiu: como assim? "Observar para ver se está tudo certo."

O episódio, que rendeu uma matéria divertida para a *Revista Gula*, da qual eu era editora na época, começou com uma coincidência. Daniel Boulud veio ao Brasil uns meses antes do aniversário para lançar seu livro *Conselhos a um jovem chef*. No dia do evento, por acaso, eu tinha lido na revista americana *Food & Wine* uma nota sobre uns jantares com harmonização que ele e o crítico de vinhos Robert Parker andavam fazendo juntos. Comentei com Daniel que tentava há meses marcar uma entrevista com o Parker, sem sucesso, e ele imediatamente me convidou: "Vou fazer uma degustação grande com ele em março. Vá até lá, arranjo a entrevista para você".

Não sei se o convite foi para valer – é provável que não. Mas minha amiga Rosa Moraes era amiga de Daniel Boulud e acertou tudo com ele. E foi assim que ganhamos passe livre para o salão privado anexo ao Daniel, disfarçadas, nos revezando entre a sala e a cozinha (aonde a gente ia para provar os pratos e os vinhos que sobravam nas garrafas). Ah, o Robert Parker, simpaticíssimo, não só deu entrevista e manteve segredo sobre o que estávamos fazendo ali como fez "tchauzinho" várias vezes durante o almoço. Na verdade, chegou até a concordar em escrever artigos esporádicos para a *Gula*... E depois disso, é claro, nunca mais respondeu aos e-mails.

Daniel Boulud enviou as receitas dos pratos do banquete, a pedidos. Mas nunca cheguei a pedir a receita da caçarolinha, que, na minha lembrança, levava batata, cogumelos, aspargos, bacon, azeite e bastante tomilho. E é assim que a preparo.

CAÇAROLINHA DE LEGUMES ASSADOS

4 cebolas pérolas

Sal a gosto

4 batatas grandes

2 alhos-porós (só as partes brancas) cortados em rodelas

4 aspargos verdes frescos

4 cogumelos shiitake

31 ml (2 colheres de sopa) de azeite extravirgem

100 g de bacon em cubos

1 dente de alho inteiro sem casca

Pimenta-do-reino moída na hora a gosto

64 ml (4 colheres de sopa ou ⅓ de xícara) de vinho branco

8 ramos de tomilho fresco (só as folhas)

[4 porções]

1. Descasque as cebolas, corte-as ao meio e ponha em uma panela com água fervente e uma colher de sobremesa de sal.

2. Descasque as batatas, corte-as em cubos e ponha na mesma panela que as cebolas. Deixe cozinhar até as batatas ficarem macias e ainda firmes, depois escorra a água e reserve-as.

3. Cozinhe as rodelas de alho-poró em água com sal por 2 minutos. Escorra e reserve.

4. Cozinhe os aspargos no vapor até começarem a ficar macios. Em seguida, escorra em água fria e corte cada um em quatro ou cinco pedaços.

5. Corte os shiitakes em quatro partes e refogue-os rapidamente em uma frigideira com um pouco de azeite.

6. Em outra panela com água, afervente os cubos de bacon para reduzir a gordura. Escorra e reserve.

7. Esfregue o dente de alho no fundo e nas bordas das quatro caçarolinhas, depois descarte-o.

8. Regue o fundo das caçarolinhas com um pouco de azeite. Distribua os legumes e tempere com um pouco de sal e pimenta. Em seguida, regue cada uma com uma colher de sopa de vinho branco (16 ml), salpique o tomilho e misture bem. Regue com azeite.

9. Preaqueça o forno a 180 °C por 5 minutos. Tampe as caçarolinhas e leve-as para assar por aproximadamente 20 minutos, até aquecerem bem. Tire do forno e sirva-as bem quentes.

PARA NÃO ERRAR

» Sempre cozinhe os legumes duros antes de assá-los.
» Fica bem simpático levar o prato à mesa em caçarolinhas individuais (de preferência, em ferro esmaltado), mas, se preferir, faça numa caçarola grande ou use um refratário.
» Esfregue o alho cru descascado nas paredes e no fundo do recipiente para perfumar o prato sem carregar no sabor.
» Capriche no tomilho e use-o fresco – neste caso, nem pense em substituir pelo seco!

VARIAÇÃO

» Se quiser variar o prato, combine batata, batata-doce, linguiça toscana, erva-doce e alho-poró. Ou, se preferir, use apenas batatas com bacon e alecrim.

A REVANCHE DO SAL

Bruschetta, na Itália, é uma fatia de pão rústico *bruscato*, ou seja, tostado. Na versão original, o pão é apenas marcado na grelha e temperado com sal e um fio de azeite de oliva extravirgem, enquanto ainda está quente. Na época da colheita de azeitonas, faz parte da tradição passar o pão grelhado direto no frantoio, a prensa em que as azeitonas acabaram de ser espremidas. O costume se repete pelas cidadezinhas da Toscana, do Lazio, do Abruzzo e da Úmbria, as quatro regiões italianas onde o pão não tem sal: durante a Idade Média, os impostos sobre o sal subiram muito e, em represália, essas quatro regiões boicotaram o produto, tirando – para sempre! – o sal do pão. A bruschetta teria surgido ali justamente para dar-lhe sabor.

A receita se espalhou pela Itália e pelo mundo e foi ganhando diferentes coberturas. A mais conhecida é a napolitana, que leva tomates e manjericão. Mas, apesar de tão popular, ela raramente é preparada como se deve – o pão fica mole e encharca com o tomate, ou fica torrado demais, seco; ou o alho toma conta do sabor e o manjericão resseca.

Esta receita é bem delicada: deve ser apenas levemente perfumada pelo alho, coberta por tomates bem maduros e manjericão fresco. Quem me ensinou a prepará-la foi o Luciano Boseggia, italiano da Lombardia que desembarcou em São Paulo em 1985 e por catorze anos comandou a cozinha do Fasano. A *cotoletta di vitella alla milanese* que ele colocou no cardápio ainda é um dos pratos de maior sucesso no restaurante. Foi Luciano quem mostrou aos brasileiros como se faz risoto, o verdadeiro – antes dele, por aqui, muita gente chamava de risoto o arroz de forno com molho de tomate, azeitona e ovo picado... Em 1997, ele lançou um livro com receitas de risotos, *Il Riso in Tasca*, um dos precursores da onda de lançamentos gastronômicos.

Cabelos longos, jeito descontraído, tão talentoso quanto boa-vida, Luciano saiu do Fasano em 1999 para inaugurar o (hoje extinto) Cardinale, no Shopping Pátio Higienópolis. Passou por várias casas até abrir a Osteria Don Boseggia, também já fechada. Deu aulas, prestou consultoria e levou seus pratos italianos feitos com classe e sabor para o restaurante Alloro, do Hotel Windsor Atlântica, no Rio de Janeiro. O restaurante não existe mais e Boseggia, que já estava o próprio ítalo-carioca, voltou para São Paulo.

BRUSCHETTA DE TOMATE

8 a 10 tomates frescos bem maduros
½ dente de alho
12 fatias de pão italiano tipo filão
12 folhas de manjericão fresco
Sal a gosto
Azeite extravirgem para regar

[12 porções]

1. Com a faca, faça uma cruz no topo de cada tomate e ponha-os em uma panela com água fervente, rapidamente, apenas para romper a pele. Escorra e passe-os na água fria.

2. Corte os tomates ao meio no sentido vertical e tire as sementes. Espere esfriarem um pouco e pique-os em cubinhos, depois tempere com sal.

3. Descasque o alho e esfregue, sem apertar, em cada fatia de pão.

4. Com uma colher, distribua o tomate picado sobre os pães e regue com um pouco de azeite.

5. Preaqueça o forno a 200 °C por 5 minutos aproximadamente e leve as bruschettas para assar até as bordas do pão começarem a mudar de cor. (Cuidado para não torrar demais.)

6. Tire do forno, disponha uma folhinha de manjericão em cada bruschetta e regue com um fio de azeite. Transfira para o prato de servir e leve à mesa bem quente.

PARA NÃO ERRAR

» Para facilitar, compre o filão de pão italiano já fatiado. Escolha os de crosta dura e interior macio. Se não encontrar, experimente fazer com pão ciabatta.
» Os tomates devem estar muito maduros, mas ainda firmes.
» Esfregue o alho delicadamente no pão para não acentuar demais o sabor.
» Só ponha o manjericão depois que tirar a bruschetta do forno.

MAÇÃ INSANA

Quando provei este aperitivo, descobri que berinjela não precisa ser amarga – eu tinha uns 16 anos e coloquei na boca uma torradinha com berinjela só para não desapontar minha querida tia Olguinha, que estava me oferecendo. Que surpresa deliciosa! A berinjela era delicadíssima, leve, com o toque adocicado da uva-passa, o sabor do azeite, o aroma do orégano, a textura esponjosa. (Nesse mesmo dia aprendi também que champanhe vai bem a qualquer hora, mas essa é outra história...). Fui direto para a cozinha pedir a receita e este aperitivo acabou se tornando um dos clássicos da minha casa.

A berinjela entrega quem não sabe lidar com ela: fica amarga, rançosa. Mas é um grande produto. Alain Ducasse escreveu que, quando pronuncia a palavra berinjela (*aubergine*, em francês), esquece suas peregrinações – desde o local de origem, na Índia ou na Birmânia, até chegar à Europa com os árabes no começo do século XV – e todos os horrores e suspeições que lhe foram atribuídos (os europeus tinham tanto pavor dela que a apelidaram de "maçã insana", ou *mela insana*, em italiano, que acabou originando seu nome *melanzana*): só pensa instantaneamente nas delícias que o nome evoca, como ratatouille, tian, moussaka, babaganuche... E nos casos de amor com o tomate, com a abobrinha, com a muçarela de búfala.

Ducasse diz que a berinjela boa é macho, pois não tem minisementes como a fêmea; e, uma vez que não dá para abrir antes de comprar, ensina: "a berinjela macho tem forma mais abaulada e as extremidades levemente pontudas".

A berinjela é de uma versatilidade incrível: pode ser assada, frita, cozida, grelhada, preparada como purê, marinada... Só não pode ser comida crua, mas, fora isso, permite usar muito a imaginação.

BERINJELA APERITIVO

2 berinjelas de tamanho médio

1 cebola grande

40 g (4 colheres de sopa) de salsinha fresca

96 ml (⅓ de xícara mais 1 colher de sopa) de azeite extravirgem

60 g (½ xícara) de uvas-passas brancas

20 g (2 colheres de sopa) de orégano seco

5 g (½ colher de sopa) de sal (ou mais, se preferir mais salgado)

1 g (¼ de colher de chá) de pimenta calabresa em flocos

[6 a 8 porções]

1. Lave e seque bem as berinjelas, depois corte-as em cubos pequenos.

2. Descasque a cebola, corte-a em cubos pequenos e reserve.

3. Cozinhe as berinjelas em água fervente com um pouco de sal por aproximadamente 10 minutos ou até que mudem de cor e estejam macias.

4. Escorra as berinjelas usando uma peneira e lave-as bem em água corrente fria. Aperte-as com cuidado, sem estragar os cubinhos, e lave novamente. Deixe escorrer por alguns minutos.

5. Lave a salsinha, seque bem e pique-a bem fininha.

6. Em uma frigideira, aqueça o azeite e refogue a cebola até amaciar.

7. Acrescente as uvas-passas e refogue por alguns instantes. Em seguida, junte a berinjela.

8. Adicione a salsinha e o orégano e deixe refogar, mexendo por 3 ou 4 minutos.

9. Prove uma berinjela e ajuste o sal, se for necessário. Tempere com a pimenta calabresa, mexa e tire do fogo.

10. Despeje as berinjelas em um frasco de vidro esterilizado e com tampa (para esterilizar, ferva um caldeirão de água, coloque o frasco e deixe por aproximadamente 10 minutos. Tire com uma pinça grande, escorra e, enquanto ainda estiver quente, despeje a berinjela).

11. Feche o frasco, espere esfriar e mantenha na geladeira por pelo menos um dia antes de servir. Dura uma semana ou um pouco mais.

PARA NÃO ERRAR

» Apertar e lavar as berinjelas em água corrente depois de cozidas ajuda a tirar o amargor.
» Antes de usar, regue a berinjela aperitivo com um pouco de azeite.

SEM MEDO DA MEDJOOL

Não achava a menor graça em tâmaras até descobrir as medjool, aquelas enormes, carnudas, cremosas e tão suculentas que nem parecem frutas secas. Elas são incrivelmente doces – confesso que já revirei as embalagens para ver se encontrava alguma indicação de adição de açúcar. Nada. É o açúcar natural da fruta que se concentra enquanto a tâmara seca na própria palmeira, antes de ser colhida.

Essa tâmara é originária do Oriente Médio e do Norte da África e há indícios de que já era consumida na Mesopotâmia e no Egito Antigo, onde ela servia até para fazer vinho. Acabou se dando bem em vários lugares de clima desértico e hoje é cultivada nos Estados Unidos e em Israel, de onde vem boa parte das que chegam aqui, e também no Marrocos, na Jordânia e na Palestina. Só começou a aparecer em São Paulo há quatro ou cinco anos.

É caríssima, e justamente por isso o mais comum é comer a fruta inteira (em algumas barracas do Mercadão, os vendedores espetam um morango gigante e uma medjool no mesmo palito e oferecem como prova, mas ai de você se provar e não comprar...). Dá pena cortar, processar ou amassar a medjool para usar em receitas (nesses casos, melhor recorrer às miudinhas, mais baratas); mas rechear a tâmara inteira é outra história. Fica ótima com amêndoas e nozes trituradas, como se faz no Oriente Médio, e também é excelente com um queijo cremoso, com requeijão ou queijo de mofo azul.

Nesta receita, o recheio é cream cheese temperado com mostarda de Dijon e cebolinha-francesa (a ciboulette), que é mais suave e delicada que a cebolinha comum. A tâmara vai ao forno por 5 minutos, antes de ser polvilhada com presunto cru triturado. Vira uma entrada notável e é servida quente.

TÂMARA RECHEADA COM CREAM CHEESE E PÓ DE PRESUNTO CRU

2 fatias de presunto cru

100 g (½ xícara) de cream cheese

20 g (2 colheres de sopa) de mostarda de Dijon

20 g (2 colheres de sopa) de cebolinha-francesa (ciboulette) bem picada

12 tâmaras medjool

Sal a gosto

Pimenta-do-reino moída na hora a gosto

[12 unidades]

1. Preaqueça o forno a 180 ºC por 5 minutos.

2. Forre uma assadeira pequena com papel-manteiga e disponha sobre ela as fatias de presunto cru, bem estendidas. Leve-as para assar em fogo baixo por 10 minutos aproximadamente, até ficarem secas e crocantes. Tire do forno e espere esfriar em ambiente arejado, sem tampar, para que as fatias não amoleçam, e depois esmigalhe-as com as mãos. Reserve.

3. Em uma vasilha, misture o cream cheese, a mostarda e a cebolinha picada. Mexa bem e tempere com sal e pimenta a gosto.

4. Abra cada tâmara ao meio, no sentido horizontal, retire o caroço e recheie com a mistura de cream cheese.

5. Disponha as tâmaras em uma assadeira ou um refratário, com o recheio virado para cima. Leve-as ao forno apenas para aquecer por aproximadamente 5 minutos.

6. Tire as tâmaras do forno e polvilhe o presunto cru esmigalhado sobre o recheio. Transfira-as para um prato e sirva quentes.

PARA NÃO ERRAR

» Para esta receita, use apenas tâmaras de medjool. Se não tiver, escolha outra receita de aperitivo (como a de tâmaras enroladas em bacon e fritas).

» É importante deixar o presunto esfriar sem tampar, senão ele murcha.

» Espere o presunto estar bem sequinho e frio para poder esmigalhar.

O PATO QUE EU PAGUEI

Ok, ninguém precisa de foie gras para viver – o fígado gordo de pato ou de ganso é caro, muito caro; gorduroso, muito gorduroso; e controverso, por causa da gavagem, aquele método de engorda que empurra a ração goela abaixo da ave. Mas, que coisa boa! É difícil encontrar semelhante mistura de complexidade, doçura, textura, delicadeza...

Para mim, não existe nada mais luxuoso para abrir uma refeição do que uma terrine de foie gras aveludada, acompanhada de compota de fruta com toque de acidez. Houve um tempo em que era servida no fim da refeição, fazendo uma apoteose gastronômica em par com algum vinho licoroso.

A receita não é fácil. Não basta ter a sorte de encontrar (e dinheiro para comprar) a matéria-prima: para fazer uma boa terrine, é preciso limpar o fígado com o maior cuidado, extraindo as veiazinhas roxas sem romper a carne; marinar com bebida de qualidade, assar lentamente em banho-maria...

Minha primeira tentativa de fazer uma terrine de foie gras deu errado. Aliás, a anterior também: encomendei um fígado de pato ao Pierre, um produtor ético no interior de São Paulo que não usa gavagem. Ele fornece a alguns restaurantes e depois de muita insistência aceitou meu pedido. Guardei no freezer para usar no fim de semana: queria estrear minha terrine e um livro sobre o tema, ambos recém-importados. Não deu. No dia seguinte, entrou lá em casa uma faxineira nova e cheia de iniciativa que, sem aviso, "limpou" o freezer – ela jogou fora "tudo o que estava estragado", das tortilhas de milho artesanais ("aquelas massas tinham secado"), passando pelos rolinhos de manteiga de sálvia ("sem data de validade") até chegar à manteiga clarificada e, é claro, ao foie gras: "aquela carne estava com uma cara horrível, toda esbranquiçada". Só poupou uma caixa de hambúrguer.

Da outra vez, comprei o fígado congelado numa delicatéssen e não desgrudei os olhos dele: esperei descongelar, escolhi a receita mais simples que pude encontrar e segui as instruções à risca. A ideia era publicar uma receita de terrine no *Paladar*, em protesto à tentativa de um vereador de proibir o foie gras em São Paulo.

Com uma faca afiada, retirei os nervos, deixei marinar por duas horas com vinho do Porto, conhaque, sal, pimenta e especiarias. Coloquei na terrine, prensei, tampei, cozinhei por 30 minutos em banho-maria. E deu errado. Muito errado.

Ficou escura, feia, desmontou. Era tarde demais para ligar para algum chef e tentar descobrir o problema. Não dava tempo de fazer outra para fotografar. O jeito foi recorrer a uma das melhores terrines da cidade: a do La Casserole, de Marie-France Henry.

A terrine de foie gras está desde o início no cardápio do bistrô, fundado em 1954 pelos pais de Mary-France, os franceses Roger e Touna. É servida como entrada com torradinhas crocantes de brioche, um clássico no restaurante mais clássico da cidade. Instalado desde sua inauguração no

Largo do Arouche, em frente ao mercado de flores, o La Casserole teve grandes fases e momentos em que a cozinha se ressentiu da passagem do tempo, mas a terrine de foie gras passou ao largo dos altos e baixos: é sempre maravilhosa. Considero obrigação começar a refeição no La Casserole com uma terrine – quando o bolso não está para a de foie gras, peço a de campanha com pistache, que também é excelente.

A receita da terrine de foie gras do La Casserole é fácil. Mas faço questão de incluir a lição que aprendi com o chef francês Julien Mercier (aquele baixinho ruivo, espevitado e talentoso, que trabalhou no Mocotó, ajudou Rodrigo Oliveira a pôr de pé o Esquina Mocotó e comandou o Le Bilboquet). Julien leu o texto no *Paladar* contando que minha terrine não tinha dado certo (leu também um post com a descoberta do dia seguinte: apesar da aparência péssima, a terrine tinha ficado deliciosa!) e me ligou. "Patrríci, sua terrine ficou feia *pôrrque* você cozinhou em fogo *muitalto* ou *porr muit* tempo." Bingo!

Lembre-se da advertência do Julien quando for fazer a terrine de foie gras do La Casserole. E, se o momento não estiver para extravagâncias, prepare a terrine de campanha: pedi à Mary-France a receita, para sugerir como deliciosa alternativa. Faço muito mais essa que a de foie gras, por motivos óbvios, porém acrescentei uma dose de vinho do Porto à receita original. Na verdade, coloquei uma vez, distraída, ficou bom e passei a fazer assim. Também incluí especiarias à terrine de foie gras.

TERRINE DE FOIE GRAS DO LA CASSEROLE

60 ml (¼ de xícara) de conhaque

80 ml (⅓ de xícara) de vinho do Porto

Sal a gosto

3,5 g (1 colher de chá) de especiarias em pó: gengibre, cravo, noz-moscada e pimenta-de-caiena

Pimenta-do-reino moída na hora a gosto

800 g de fígado de pato congelado

4 ou 5 figos secos (opcional – para acompanhar)

[8 a 10 porções]

1. Em um recipiente de vidro, faça uma mistura com o conhaque, o vinho do Porto, o sal, as especiarias e a pimenta-do-reino.

2. Limpe os fígados e deixe marinar na mistura por 1 hora na geladeira.

3. Despreze o líquido da marinada e acomode os fígados em uma terrine retangular, prensando bastante, mas com cuidado, para evitar que sobre espaço entre eles. Tampe a terrine e deixe na geladeira por 12 horas.

4. Preaqueça o forno a 180 °C por 5 minutos.

5. Retire a terrine da geladeira, tire a tampa e cubra os fígados com papel-alumínio. Diminua a temperatura do forno para 160 °C e asse por aproximadamente 1 hora em banho-maria.

6. Retire do forno, prense os fígados sem tirar da terrine e ponha um peso em cima para dar homogeneidade.

7. Mergulhe a terrine (o recipiente) em uma vasilha com bastante gelo, fazendo um banho-maria invertido para interromper o cozimento. Quando estiver fria, guarde na geladeira até o dia seguinte.

8. Desenforme a terrine, corte em fatias grossas e sirva com torradas.

9. Se quiser, faça uma compota de figo seco e sirva como acompanhamento (é só cozinhar os figos secos em água por alguns minutos até amolecer, depois batê-los num processador).

TERRINE DE CAMPANHA COM PISTACHE DO LA CASSEROLE

300 g de fígado de galinha moído

300 g de lombo moído

300 g de toucinho fresco moído

100 g (½ xícara) de pistaches cortados em pedaços pequenos

5 bagos de zimbro grosseiramente esmagados

5 grãos de pimenta-do-reino grosseiramente esmagados

1 pitada de noz-moscada

1 g (¼ de colher de chá) de pimenta calabresa em flocos

40 g (4 colheres de sopa) de salsinha bem picada (só as folhas)

Sal a gosto

140 ml (½ xícara mais 2 colheres de sopa) de leite

60 ml (¼ de xícara) de vinho do Porto

4 ovos

Picles (cornichons) e/ou torradas (opcional – para acompanhar)

[8 a 10 porções]

1. Moa bem todas as carnes. Em uma vasilha, misture-as e junte todos os temperos e os demais ingredientes.

2. Unte com um pouco de óleo o fundo e as laterais de uma terrine retangular e disponha a mistura de carnes.

3. Acomode a terrine sobre uma assadeira com água fria, que deve cobrir até metade do recipiente.

4. Preaqueça o forno a 150 °C por 5 minutos. Leve a terrine para assar (sem tampar) em banho-maria por aproximadamente 50 minutos, completando sempre o nível da água na assadeira, ou até que a temperatura do centro da terrine esteja a 90 °C.

5. Tire do forno, coloque um peso sobre a terrine e deixe esfriar.

6. Desenforme a terrine e sirva com torradas. Se quiser, acompanhe também com picles pequenos (cornichons).

PARA NÃO ERRAR

» Aperte bem o fígado (ou a mistura de carnes) na terrine, para compactar e dar forma.

» Asse em banho-maria, mantendo a temperatura baixa. Tampe a terrine de foie gras com papel-alumínio, mas asse a terrine de campanha destampada.

» Depois de assada, ponha um peso sobre a terrine para compactá-la enquanto esfria.

PESCARIA NA CEAGESP

Quem trouxe este crudo de atum e peixe branco a São Paulo foi o italiano Bruno Federico, dono do restaurante La Caprese, nos arredores de Bergamo. Famoso pelos peixes e frutos do mar fresquíssimos e pela delicadeza dos pratos, o La Caprese é um dos restaurantes preferidos do restaurateur Rogério Fasano, que, de tanto frequentar o lugar, acabou amigo dos donos. E foi assim que, em maio de 2002, Bruno Federico cumpriu a antiga promessa de cozinhar em São Paulo. Faria um jantar para convidados no Armani Caffè (hoje Gero Caffè), do Grupo Fasano, que tinha sido inaugurado havia pouco na Haddock Lobo. Seu prato de peixe marinado à caprese, tão simples e tão sofisticado, seria servido como entrada – os peixes frescos e crus eram apenas temperados com azeite, limão, sal e pimenta-do-reino; não se via nada parecido em São Paulo na época.

O italiano chegou e Rogério Fasano me ligou: "Quer ir ao Ceagesp conosco comprar os peixes para o jantar de amanhã? O Bruno entende tudo de peixe, deve dar uma boa reportagem".

A noite começou animada, no Fasano. Salvatore Loi preparou uma degustação de risotos, tomamos vinho, demos risada e saímos em comboio: o chef, o maître Almir Paiva, o sommelier Manoel Beato, o Bruno Federico, o Rogério Fasano, o fotógrafo Ricardo D'Angelo e eu. O italiano chegou ao Ceagesp cheio de entusiasmo, mas mal tocou o alarme que dá início ao mercado de peixes, às duas da manhã, desanimou. "Este peixe está velho, foi lavado; olha só, está lisinho... Peixe bom tem a superfície rugosa." Andou mais um pouco, apertou a barriga de um cherne e largou. "O peixe começa a envelhecer pela barriga, é onde a gente tem de apalpar para ver se a carne está firme", ensinou. "Salvatore, você consegue vôngole em outro lugar, o daqui não dá!" Às vezes já descartava a compra de longe: "Essa lula está avermelhada, passou muito tempo no gelo; lula fresca é branca".

O italiano ia ficando cada vez mais acabrunhado. E nós, no maior constrangimento. Até que... de repente, ele parou diante de um atum e seus olhos brilharam. Examinou, cutucou, apertou. "É este!" O peixe era enorme e tinha uma plaquinha espetada com um nome: Tanaka. Cadê o peixeiro? Quem é o Tanaka? Logo alguém deu a notícia: aquele atum já tinha sido vendido para o Tanaka, comprador de peixes que trabalhava para alguns restaurantes. O italiano não se conformava. Queria aquele. E Rogério Fasano resolveu sair atrás do tal do Tanaka para negociar. Levou Beato e Loi com ele. Almir se plantou estrategicamente na frente do peixe, elegante (com seu estilo de maître), mas firme: ninguém ia levar o atum dali. Esperamos, esperamos, e lá pelas tantas Rogério voltou com um sorriso no rosto e os bolsos vazios (não é modo de falar: ele tinha levado dinheiro vivo, já que não era freguês habitual). "Tive de convencer o peixeiro a me vender o peixe que já estava vendido para outro restaurante... O atum custou uma fortuna", esbravejou Fasano.

Horas mais tarde, na cozinha do Armani Caffè, Bruno tratou de fazer valer cada pedaço do caríssimo atum. Cortou a cauda, cozinhou rapidamente. Escorreu, temperou com azeite, tomates-cereja, sal e pimenta – estava pronto o molho do *spaghetti al tonno*. O lombo, cozido e resfriado, virou antepasto, servido apenas com um fio de azeite. Só pouco antes da chegada dos convidados ele cortou escalopes de atum e de cherne e, com um martelo de cozinha, foi apertando delicadamente para achatá-los. Ajeitou os pedaços nos pratos, colocou azeite, limão e sal, moeu a pimenta e espalhou um pouco de salsinha; pôs umas torradas nos pratos e deu início ao serviço.

Além da história divertida e dessa receita, a visita de Bruno Federico rendeu uma lição valiosa: "Peixe fresco tem gosto de mar, peixe velho tem gosto de peixe".

PEIXE MARINADO À CAPRESE

200 g de atum vermelho

200 g de peixe de carne branca

Sal a gosto

Suco e raspas de 1 e ½ limão-siciliano

Azeite extravirgem para regar

Pimenta-do-reino moída na hora a gosto

Torradas (para acompanhar)

[4 porções]

1. Corte o atum e o peixe branco em fatias de 1 cm de altura (coloque entre duas folhas de filme plástico) e amasse delicadamente com um batedor de carne.

2. Retire o filme plástico e distribua as fatias em quatro pratos individuais.

3. Tempere com sal, esprema o limão e regue as fatias com um fio de azeite.

4. Polvilhe as raspas de limão (só a parte amarela) e moa a pimenta-do-reino por cima.

5. Sirva frio com as torradas.

PARA NÃO ERRAR

» A qualidade dos ingredientes é o segredo para o sucesso dessa receita: escolha peixes frescos e azeite de qualidade.
» Para bater os peixes sem machucar, coloque cada escalope entre duas folhas de filme plástico, isso ajuda a bater sem romper a textura.
» Prepare este prato só na hora de servir.

VARIAÇÃO

» Acrescente também salmão fresco, vieiras frescas ou camarão cozido no vapor à receita.

NINGUÉM É PERFEITO

Tortilha boa é aquela que escorre um pouquinho quando cortada. Um dos grandes pratos da cozinha espanhola, a tortilha de batata é simples, reconfortante. Comida de casa e também um clássico nos bares de tapas – fica exposta sobre o balcão, em temperatura ambiente. Nada mais tradicional. Só que, para mim, tortilha lembra o Ferran Adrià, o mais revolucionário dos cozinheiros contemporâneos. Tudo por causa de uma entrevista que o catalão deu ao *Roda Viva*, em 2014, quando um dos meus companheiros entrevistadores emplacou uma pergunta empoeirada, talvez sonhando revelar ao mundo a madeleine de Adrià. "O que eu comia na infância não tem nenhuma importância perto de todas as experiências gastronômicas que tive nos últimos vinte ou trinta anos, como cozinheiro profissional." Fez uma pequena pausa e continuou a resposta com sua fala rápida e difícil de entender. "Se você está querendo saber qual era a comida da minha infância, era a *tortilla* de batatas, feita pela minha mãe, que aliás era *tecnicamente mala* e não tem a menor relevância na minha vida como cozinheiro". Bingo!

Ferran Adrià é um inovador, transformou a cozinha e o modo de comer. Desenvolveu técnicas e conceitos e, a partir deles, novas maneiras de cozinhar. Levou para a mesa os cinco sentidos e tornou a refeição um grande programa, com momentos de humor, reflexão, provocações. Brincou com a ciência, inverteu a ordem de doces e salgados, mudou o estado físico dos alimentos. E abalou a cozinha francesa depois de encantar Joël Robuchon – o francês conhecido como o chef dos chefs estava de férias na Costa Brava e foi ao elBulli de má vontade, quase arrastado por uns amigos. Ficou impressionado. Voltou três dias seguidos e declarou que Ferran Adrià era o maior cozinheiro do mundo. A partir daí a remota baía da Cala Montjoi, na Catalunha, virou meca de *foodies* e chefs do mundo todo, e o restaurante, o mais concorrido do planeta até fechar as portas em 2011.

Tenho especial admiração por Ferran Adrià, jamais conheci um cozinheiro que aliasse de tal forma talento, criatividade, inteligência e generosidade. O elBulli foi uma das experiências mais marcantes na minha vida profissional. Fui a primeira jornalista brasileira a visitar o restaurante e ser recebida pelo chef – passei três dias imersa no mundo do elBulli, em abril de 2001. E depois disso, é claro, precisei de muito esforço para não perder a paciência com espumas enjoativas, granizados de foie gras malfeitos e molhos servidos em tubos de pasta de dentes, entre outros exageros cometidos pelos imitadores que se espalharam pelos quatro continentes.

Quando estive no elBulli, Ferran estava começando a se interessar pela pesquisa científica e fazia apenas dois meses que havia aberto seu *taller*, o escritório no bairro gótico de Barcelona, um laboratório de criação que iria funcionar nos meses de inverno, quando o restaurante fechava. Eram tempos pré-nitrogênio líquido, em que a criatividade se combinava com equipamentos corriqueiros, com exceção do novíssimo Thermomix®. O secador de cabelos servia para secar caramelos, a máquina de expresso fazia consomês, seringas tinham incontáveis usos e uma falha na sorveteira deu origem aos granizados salgados – espécie de granita – que marcaram época. Raramente ali algum equipamento servia ao fim para o qual havia sido criado, e não por acaso as máquinas quebravam o tempo todo.

Olhando em perspectiva, o primeiro contato com Ferran foi engraçado. Ele surgiu na hora marcada para a entrevista, todo de preto, desgrenhado e com cara de sono. Estendeu a mão para mim e para a fotógrafa Anna Kahn sem sorrir e logo saiu de perto. Ficou mexendo em uns papéis, fazendo perguntas para a secretária e nos observando discretamente de longe. Esperamos dez, quinze minutos, e nada. Levantei e fui olhar os ingredientes da parede – um espetáculo, eram 720 vidrinhos idênticos, cada um com um ingrediente, instalados numa parede iluminada por trás, colocados ali "para estimular a criatividade". Depois, andei pela cozinha-laboratório, e alguém nos mostrou o resto do escritório, que ficava no bairro gótico, num palácio do século XVIII restaurado. Lá pelas tantas, Ferran se aproximou. Comecei a fazer perguntas como se não houvesse amanhã. O restaurante, os processos de criação, os conceitos, o fanatismo pelo Barça, a frase "Criar é não copiar", que mudou sua vida. A conversa fluiu até o fim da tarde e por mais dois dias, com algumas pausas. No dia seguinte, já estávamos enturmadas com a equipe, circulando à vontade. Alguém chamou para mostrar os diagramas de receitas – além da fórmula, havia fotos com a montagem dos pratos milimetricamente determinada. Outro nos levou à sala de reunião, instalada na antiga capela; Ferran trouxe as louças brancas modernas que tinha desenhado em colaboração com um ceramista – eram desenhadas para receitas específicas, um luxo e uma grande novidade. Eu ia anotando tudo, sem deixar escapar um detalhe, enquanto a Anna fotografava.

Só havia um problema: a gente não tinha conseguido confirmar a reserva da mesa no restaurante (eu vinha tentando desde que acertei a entrevista com o chef, dois meses antes, mas ainda nada). Ferran desconversava quando o assunto voltava. Eu disfarçava a agonia, simplesmente não poderia sair dali sem provar os pratos do el Bulli. Mas aguentei quieta. Depois de nos mandar almoçar na barraca do Pinotxo, no Mercado de la Boqueria, e de indicar alguns bares de tapas que deveríamos conhecer em Barcelona, Ferran Adrià avisou: "Amanhã vocês vão para o restaurante de manhã e passam o dia na cozinha – ah, a reserva de vocês é às oito, não se atrasem", disse, sem mudar de expressão.

Não dormi naquela noite e, aliás, muito menos na noite seguinte, tamanha a intensidade de informações depois de provar o menu de 32 tempos que começou com chips de pés de galinha e incluiu versões particulares de clássicos espanhóis, entre eles uma paella servida num saquinho como se fosse salgadinho de arroz, e uma sopa de verduras em forma de gelatina quente.

A tortilha de batata desconstruída não fez parte da seleção. Um dos pratos de Ferran Adrià mais copiados pelo mundo, ela é servida numa taça de

martíni com as fatias de cebola caramelizadas colocadas no fundo da taça; por cima, um zabaione feito com gemas e, por fim, uma espuma de batatas preparada no sifão, primeira técnica de Adrià a ganhar projeção internacional.

Também não estava no cardápio (e nem poderia!) a tortilha de chips que o chef catalão andou fazendo para jornais, revistas e redes de tevê – a receita está numa coleção de DVDs impagáveis, estrelados por Ferran Adrià, que guardo há anos. Essa coleção fez parte de uma promoção do jornal espanhol *El Periódico*, prova de que ninguém é perfeito: o cara é o maior cozinheiro do mundo, um visionário, mas é péssimo ator. No primeiro episódio da série, ele chega de viagem, empurra com dificuldade a porta contra pilhas de cartas, jornais e contas acumuladas, entra em casa, larga as malas e diz algo como "Ai, que *hambre*", com a maior cara de canastrão. Vai para a cozinha e abre a geladeira, que tem apenas uns ovos e uma cebola. Olha dentro do armário e encontra apenas um pacote de chips – então, rasga a embalagem, esmaga as batatas, mistura com os ovos e... faz uma tortilha. É hilário.

Tenho essa série, cheia de episódios do gênero, graças ao Adolfo Pizzinato, ex-marido da minha enteada. Na época em que os vídeos foram lançados, eles moravam em Barcelona e ele fez a gentileza de ir até a redação do jornal para conseguir comprar a série toda e me mandar. Foi ele, aliás, quem me ensinou a fazer essa tortilha, que deve ser *tecnicamente mala* como a da mãe do Ferran, mas é deliciosa.

TORTILHA DE BATATA

1 litro de óleo

500 g de batatas (5 batatas grandes)

Sal a gosto

1 cebola grande

32 ml (2 colheres de sopa) de azeite extravirgem

Pimenta-do-reino a gosto

8 ovos

Presunto cru (opcional – para acompanhar)

[6 porções]

1. Aqueça o óleo.

2. Lave bem as batatas, descasque-as e corte-as em rodelas de espessura média.

3. Frite as batatas em óleo quente e escorra antes de pegarem cor. Tempere com sal e reserve.

4. Corte a cebola em fatias finas. Em seguida, coloque-a em uma frigideira com azeite e refogue até murchar. Tempere com sal e pimenta e reserve.

5. Ponha os ovos em uma vasilha, bata levemente com um batedor de arame para misturar e tempere com sal e pimenta.

6. Junte a cebola refogada e as batatas fritas aos ovos e mexa bem.

7. Despeje a mistura na mesma frigideira usada para refogar a cebola ou em uma omeleteira e leve ao fogo baixo até começar a borbulhar nas bordas.

8. Quando começar a borbulhar, espere 1 ou 2 minutos e vire a tortilha com a ajuda de um prato. Despeje-a de volta na frigideira e deixe cozinhar mais 2 ou 3 minutos.

9. Tire a tortilha do fogo, deixe descansar na panela por alguns minutos (sem tampar) e transfira para o prato de servir. Se a tortilha escorrer um pouquinho quando for cortada, está perfeita!

10. Se quiser, acompanhe a tortilha com algumas fatias de presunto cru, para ficar no clima espanhol.

PARA NÃO ERRAR

» É importante cortar as batatas em rodelas de espessura média – se forem muito finas, a tortilha fica líquida demais; se forem grossas, a tortilha fica parecendo uma salada de batatas.

» Frite bem as batatas, espere que fiquem crocantes, mas não deixe escurecer.

» Quebre os ovos só na hora de usar, ou, se tiver de quebrar antes, mantenha-os na geladeira.

» Para virar a tortilha, use um prato molhado com o diâmetro maior que o da panela. Vire a tortilha rapidamente e de uma só vez, depois deixe-a escorrer de volta para a panela.

» Usar uma omeleteira, daquele tipo que são duas panelas acopladas, facilita o processo e impede que a tortilha se rompa na virada – é assim que costumo fazer!

ABRAÇO COMESTÍVEL

Ruth Reichl estava na primeira fila. Não havia mais ninguém no ônibus, os outros jornalistas vinham logo atrás de mim. Olhei para o lugar vago ao lado dela e tive o impulso de me sentar. Hesitei. Que coisa mais sem cabimento se aproximar de uma pessoa famosa para puxar papo. Mas era a minha chance de conversar com a grande editora da gastronomia americana. Tinha de me decidir rápido, estava impedindo a passagem no corredor. Ruth notou minha presença, levantou os olhos do celular e sorriu. Naquele instante, um álibi jornalístico nocauteou a timidez: a revista *Gourmet*, que ela dirigiu por dez anos, tinha sido fechada dois meses antes, sem aviso (e aliás, sem devolver o dinheiro dos assinantes, entre os quais me incluo – a prometida migração da assinatura para a *Bon Appétit*, do mesmo grupo, nunca se concretizou).

A *Gourmet* foi a primeira revista dedicada a comida e vinhos nos Estados Unidos. Fundada em 1941, circulou mensalmente por 68 anos, até novembro de 2009, quando a editora Condé Nast anunciou que deixaria de publicá-la, atribuindo a decisão à queda de receita de publicidade. Houve um tempo em que a revista tinha um milhão de assinantes, e alguns a acompanhavam desde o primeiro número. O expediente dava a medida exata do cuidado com que era feita a *Gourmet* (lembro exatamente: eram duas páginas de nomes de pessoas envolvidas na publicação). As histórias sobre a cozinha de testes com as geladeiras cheias e os fogões em atividade constante, em tempos anteriores às redes sociais, faziam sonhar. Ruth dirigiu a *Gourmet* de 1999 a 2009, numa fase marcada pela sofisticação, por grandes textos e belíssimos ensaios fotográficos. Para driblar a perda de anúncios, ela apostou na diversificação, fez um programa de tevê e editou dois livros com receitas da revista. E foi justamente durante a viagem de lançamento do *Gourmet Cookbook* que foi surpreendida pelo fechamento da revista.

"Posso me sentar?", perguntei. Ela assentiu com a cabeça, simpática. Quando o ônibus partiu rumo ao Casino de Madrid, onde iríamos participar do jantar de abertura do Madrid Fusión, o mais importante congresso de gastronomia da Espanha, já estávamos no maior papo. Ruth tinha sido, de fato, pega de surpresa pelo fechamento da revista. Foi chamada às pressas e comunicada, então reuniu a equipe, pegou o que encontrou na geladeira de testes, uns vinhos, e levou todo mundo para a casa dela: cozinharam e ficaram ali, tentando consolar uns aos outros. Na verdade, Ruth Reichl acabou ficando naquela cozinha durante um ano inteiro, para se recompor do baque. Desempregada aos 61 anos, estava preocupada, sem saber o que fazer dali em diante.

Bem, se refugiar numa cozinha como a dela está longe de ser um sacrifício. A cozinha é o lugar principal da casa em que vive com o marido, no vale do rio Hudson; uma construção térrea, de linhas retas, com paredes de vidro voltadas para uma paisagem verde a perder de vista em todos os lados. Ruth desenhou as bancadas baixas (para não atrapalhar a vista) e os móveis de madeira clara sob medida para sua estatura e conforto, com detalhes como uma gaveta refrigerada para frutas e verduras e uma para temperos. Colocou belos utensílios, entre eles panelas de cobre com seu nome gravado, e uma mesa ampla para acomodar os amigos. As pessoas vão à casa dela esperando uma grande refeição, então, fez a cozinha aberta, de modo que todo mundo participe da experiência, acompanhe o preparo dos pratos.

No trajeto pelas ruas de Madri, ela contou que estava escrevendo um novo livro, mas não quis adiantar o assunto. "Sabe que existe uma superstição de que não se deve contar o tema de um livro antes que ele esteja pronto, não dá sorte", disse. Se existe ou não tal superstição, pelo menos essa é uma boa desculpa para evitar certos assuntos com desconhecidos. Não perguntei mais. O livro era *My Kitchen Year: 136 Recipes That Saved my Life* (sem edição em português, lançado nos Estados Unidos em 2015 pela Random House) e a seleção de receitas começa com um clássico da *comfort food* no mundo todo: purê de batata com ovo de gema mole. Foi o prato que escolhi para falar dela. A receita de Ruth Reichl leva creme de leite, que eu dispenso, especialmente se o purê for feito quando as batatas ainda estão quentes – isso o deixa cremoso e brilhante só com a adição da manteiga em temperatura ambiente.

Ruth Reichl é uma lenda. Contou suas histórias em três livros deliciosos, *Conforte-me com maçãs*; *Alhos e passas*; e *A parte mais tenra*. São todos daquele tipo de livro de que você não consegue desgrudar, seja quando ela fala dos tempos em que vivia numa comunidade em Berkeley e cozinhava para os amigos "hippongas"; seja quando foi chef de cozinha; quando teve as primeiras experiências gastronômicas numa viagem a Paris, com um namorado; ou quando revela como foi criando personagens e montando os figurinos, comprando perucas naturais, óculos, roupas de diferentes estilos, nos tempos em que era crítica do *The New York Times* e tinha de fazer visitas incógnitas – uma das minhas personagens preferidas é uma velhinha "invisível". Ruth conta ter sido ignorada, colocada nas piores mesas e tratada com o maior descaso sempre que saía vestida com um *tailleur*, óculos e uma peruca grisalha amarrada num coque simples, o figurino da velhinha.

Antes de desembarcarmos no Casino de Madrid, ainda deu tempo de perguntar o que tinha achado do fechamento do elBulli (que havia sido anunciado na véspera no Madrid Fusión, por Ferran Adrià, causando o maior alvoroço no mundo da gastronomia). Ela considerou a

decisão de Adrià como uma lição para cozinheiros do mundo todo: "Um cara que fez tudo o que ele fez não precisaria fazer mais nada, mas ele está buscando outras maneiras de ser criativo". Sobre os rumos da gastronomia, sentenciou: a tendência de agora em diante será a sustentabilidade. Sabia exatamente o que estava dizendo.

De uma magreza aflitiva, cabelos pretos longos até a cintura parcialmente presos num coque desgrenhado, com pontas despencando, e o sorriso largo, Ruth desceu do ônibus e entrou no Casino de Madrid, onde foi calorosamente cumprimentada por Ferran Adrià e Paco Roncero, os anfitriões da noite. Logo a perdi de vista, cercada por chefs do mundo todo que se revezavam para conversar com ela.

OVOS COM PURÊ DE BATATA

500 g de batatas (4 ou 5 batatas grandes)

50 g (¼ de tablete) de manteiga sem sal em temperatura ambiente

Sal a gosto

Pimenta-do-reino moída na hora a gosto

4 ovos

Flor de sal

Pão tostado (opcional – para acompanhar)

[4 porções]

1. Lave e descasque as batatas. Cozinhe-as em água fervente com um pouco de sal até estarem bem macias (aproximadamente 15 minutos).

2. Ponha as batatas cozidas ainda quentes em um processador, adicione a manteiga e bata até formar um purê brilhante. Se preferir amassar na mão, trabalhe bem as batatas até obter uma consistência cremosa.

3. Prove o sal do purê, acrescente mais se for necessário e tempere com a pimenta-do-reino moída na hora.

4. Divida o purê em quatro caçarolinhas de cerâmica ou refratários pequenos.

5. Quebre um ovo sobre o purê em cada refratário, com cuidado para não misturar clara e gema.

6. Preaqueça o forno a 180 °C por 10 minutos.

7. Acomode os refratários sobre uma assadeira e despeje água fervendo nela até cobrir a metade da lateral dos potinhos. Leve ao forno preaquecido por aproximadamente 10 minutos, até a clara estar branca e gelatinosa e a gema mole.

8. Tire do forno e ponha os refratários sobre pratos de sobremesa. Tempere os ovos com flor de sal e pimenta e sirva quente. Se quiser, acompanhe com fatias de pão tostado.

PARA NÃO ERRAR

» Não cozinhe excessivamente para não endurecer o ovo, o que tira a graça do prato. A gema deve escorrer.

CAPRINO DOMÉSTICO

Esta receita de queijo de cabra (que serve também para fazer o mascarpone, com a mudança de leite e pequenos ajustes) é a melhor herança de meu sonho de ser queijeira. Por enquanto. Numa época de muito trabalho e pouca satisfação, andei com mania de querer mudar de vida. Uma noite, quase dormindo, eu disse para o Delmo, meu marido: "Só penso em morar no sítio e fazer queijo". "Legal", ele disse, "mas é melhor você dormir; não temos sítio e você não sabe fazer queijo". Caímos na risada. Só que aquela ideia não me saiu da cabeça... Uns dias depois, me inscrevi para uma aula de queijos na Escola Wilma Kövesi. Parecia uma criança: tirei folga do trabalho, cheguei cedo, de caderninho na mão, e não desviei os olhos da professora, a Marina Hernandez. Só não apaguei a lousa (não tinha); de resto, participei ativamente. Quem pode mexer a panela? Eu. Alguém controla a temperatura do leite até baixar a 25 °C? Corri – estava louca para ver de perto aquele termômetro enorme, revestido de plástico branco, que funcionava até para mexer o leite. Precisa medir a quimase com a seringa, quem vai? Eu de novo. Hora de moldar a muçarela. Primeira da fila. Nos intervalos, eu ia anotando tudo para não deixar escapar nenhum detalhe. Panela de inox. Usar difusor de fogo, para distribuir o calor por igual. Como era o nome do leite A mesmo? Oikos. Se usar o Fazenda tem de pôr cloreto de cálcio.

Aprendemos a fazer labneh (iogurte grego), ricota (nunca tive vontade de repetir, porque me deu tristeza ver a quantidade de leite desperdiçado – são necessários 4 litros para fazer 600 g de ricota!). Muçarela de bola, queijo fresco e mascarpone – e com a mesma receita, exceto pelo creme de leite, se faz queijo de cabra tipo boursin. Se for bem escorrido dá para fazer bolinhas e guardar no azeite com pimenta vermelha para comer com torrada ou na salada, é o máximo. Ou então montá-lo em camadas num pote, intercalando com pistache.

É fascinante – a gente põe na panela de casa o leite comprado no supermercado, ácido cítrico, coalho e em menos de uma hora aquilo vira queijo pronto para ser drenado! Simples assim. (Com toda essa surpresa, estou parecendo meu querido amigo Heitor, protagonista de uma das minhas histórias preferidas de viagens de turma, na adolescência: estávamos em Ubatuba, naquele esquema que uns vão para a cozinha e outros lavam a louça. E ele ficou absolutamente fascinado quando a Lu, sua namorada e minha amiga-tipo-irmã, trouxe a salada de alface para a mesa: "Lu, você *sabe* fazer alface?!". Eles se casaram faz uns trinta anos, pelas minhas contas, e continuamos todos muito amigos. De vez em quando alguém se lembra da história e o coitado tem de aturar a gozação tudo de novo.)

O Delmo também se espantou muito com a mágica quando foi me acompanhar a uma aula da Maria Zanchi de Zan, numa escola chamada Cooking que o Luiz Cintra teve em frente à Faap, em São Paulo. Delmo não vê a menor graça em cozinhar (gosta muito é de comer), mas era começo de namoro, então foi comigo e até prestou atenção – sem grande entusiasmo, até a hora em que a dona Maria colocou creme de leite em vasilha grande, ligou a batedeira e em poucos minutos tirou dali "uma espuma branquinha" e firme. "Nossa, como foi que ela fez isso?"

Pois eu fiquei desconfiada até ver meu primeiro queijo fresco feito em casa pronto – e não é que deu certo? Comprei pela internet um kit de fabricação de queijo igual ao da professora. Escolhi o completo, com duas fôrmas de plástico de 500 g com redinha, termômetro para queijos, difusor para a chama, ácido cítrico em pó, cloreto de cálcio líquido e quimase (coalho). Ah, comprei também uma seringa de 1 ml e uma fralda de pano fininha para drenar queijo (depois, passei a usar aquele perfex em rolo, etamine, que é descartável, achei muito mais fácil).

Para fazer o boursin e o mascarpone, não é preciso ter o kit completo, só o termômetro, um pano para escorrer, o cloreto de cálcio e o ácido cítrico (ou limão-siciliano). Tecnicamente, o mascarpone não é queijo. Invenção milanesa, originalmente era produzido apenas no inverno, mas hoje é feito em qualquer época, no mundo todo. Branquinho, cremoso, tem sabor delicado e teor de gordura de 45%. Na geladeira, o mascarpone artesanal dura até uma semana.

Vale muito a pena fazer em casa. Além de poder usá-lo fresquinho (fica espetacular nos tiramisus das páginas 221 e 222), custa muito menos que o comprado pronto – o que também é uma grande vantagem, porque mascarpone é caríssimo. Em resumo: o boursin e o mascarpone são meu maior orgulho de queijeira. Por enquanto.

QUEIJO DE CABRA TIPO BOURSIN

1 litro de leite de cabra de caixinha

0,5 ml de cloreto de cálcio dissolvido em ¼ de xícara de água filtrada

40 ml (2 e ½ colheres de sopa) de suco de limão-siciliano peneirado

[400 g]

1. Ponha o difusor sobre a boca do fogão e aqueça o leite de cabra em uma panela funda de inox. Quando atingir 85 °C, adicione o cloreto de cálcio. Misture delicadamente por alguns instantes.

2. Acrescente o suco de limão peneirado e mexa por aproximadamente 1 minuto, não mais que isso. Desligue o fogo e deixe a mistura repousar por mais ou menos 10 minutos.

3. Resfrie o leite fazendo um banho-maria gelado: encha uma bacia com gelo e um pouco de água. Transfira o leite da panela para uma vasilha que caiba dentro da bacia com gelo, acomode-a e espere o leite esfriar até 25 °C.

4. Prepare uma peneira grande coberta com um pano (fralda ou tecido de poliamida), acomode-a numa vasilha, firmando bem, e despeje o leite resfriado para drenar.

5. Transfira a peneira e a vasilha para a geladeira e deixe drenar por um período de 12 a 24 horas (para um queijo cremoso, 12 horas são suficientes; se quiser fazer bolinhas e colocar num vidro com azeite, deixe ao menos 24 horas).

VARIAÇÃO

» Use o queijo de cabra para fazer uma verrine: em um pote de vidro, ponha uma camada de queijo, tempere com azeite e sal e espalhe por cima um pouco de pistache grosseiramente moído. Vá fazendo camadas, intercalando o queijo e o pistache.

MASCARPONE

500 ml (½ litro) de leite tipo A

500 ml (2 xícaras bem cheias) de creme de leite fresco

0,5 ml de cloreto de cálcio dissolvido em ¼ de xícara de água filtrada

40 ml (2 e ½ colheres de sopa) de suco de limão-siciliano peneirado

[400 g]

1. Ponha o difusor sobre a boca do fogão. Misture o leite e o creme de leite numa panela funda de inox e deixe aquecer. Quando atingir 85 °C, adicione o cloreto de cálcio. Misture delicadamente por alguns instantes.

2. Acrescente o suco de limão peneirado e mexa por aproximadamente 1 minuto, não mais que isso. Desligue o fogo e deixe a mistura repousar por mais ou menos 10 minutos.

3. Prepare um banho-maria invertido: encha uma bacia com gelo e um pouco de água. Transfira o leite da panela para uma vasilha que caiba dentro da bacia com gelo, acomode-a e espere o leite esfriar até 25 °C.

4. Prepare uma peneira grande coberta com um pano (fralda ou tecido de poliamida), acomode-a numa vasilha, firmando bem, e despeje o leite resfriado para drenar.

5. Transfira a peneira e a vasilha para a geladeira e deixe drenar por um período de 10 a 12 horas, aproximadamente.

PARA NÃO ERRAR

» Use leite integral tipo A. Não use UHT nem semidesnatado.
» Para estas receitas, evite a panela de cerâmica, pois ela retém muito calor, dificultando o processo.

MUITO ALÉM DO PORCO

Jefferson Rueda tinha me chamado para conversar no Bar da Dona Onça porque queria contar uma novidade. Estava saindo do Áttimo e reformando um imóvel numa esquina ali no centro da cidade para abrir um restaurante. Já tinha o nome, o logo e a ideia: fazer comida popular, à base de porco. "Comida popular? Como assim? Vai largar a alta gastronomia?" Jefferson titubeou: "Faço primeiro esse e depois abro meu restaurante de cozinha autoral…". Então me levou para ver o local. "Aqui vai ser a cozinha aberta e aqui vão ficar as churrasqueiras que estou desenhando para assar o porco inteiro", ia contando. "Naquele canto vai ter uma sala de preparação de embutidos. Ali vai ficar uma janela aberta para a rua, para vender sanduíches."

Comida boa e barata é o que todo mundo quer, mas achei estranho que Jefferson Rueda estivesse, com aquela conversa de comida popular, abrindo mão do "seu" jeito de fazer as coisas, de uma marca pessoal consistente, construída numa carreira de mais de vinte anos. Alguns meses depois, Jefferson e Janaina (sua mulher, a famosa Dona Onça) me convidaram para provar a comida na Casa do Porco, que seria inaugurada dois dias depois. Eu não tinha a menor ideia do que iria comer. E o que se seguiu foi a refeição mais surpreendente dos últimos anos. Uma volta ao mundo à base de porco. Técnica, sabor, criatividade, humor: tudo junto. O ex-ítalo-caipira resolveu conduzir os clientes numa viagem com paradas na China, no Japão, no Peru, na Itália e no interior de São Paulo. Porcopoca, ban com porco e cebola, sushi de papada de porco pincelado com tucupi negro, carbonara com guanciale feito na casa, torresmo de pancetta com goiabada e picles de cebola. Tinha até virado de feijão na torradinha, tudo abrindo caminho para a grande estrela da casa, o porco a San Zé, que depois de marinado assa lentamente na churrasqueira, até se desmanchar em lascas.

Com a mudança no projeto original/popular do Jefferson, o Centro paulistano pode ter perdido um novo restaurante de PF, mas a cidade ganhou um chef ainda mais autoral e inventivo. Desde a abertura, a Casa do Porco virou Meca de *foodies* e chefs estrangeiros que vêm à cidade. E todo mundo sai dali encantado. Albert Adrià, o criativo irmão caçula de Ferran, dono de várias casas em Barcelona, foi três vezes à Casa do Porco numa semana, quando esteve em São Paulo no fim do ano passado. Ele me contou que fez o motorista que o levava de volta ao aeroporto desviar porque queria comer de novo mais umas coisinhas antes de embarcar.

Acompanho a carreira do Jefferson desde que ele se formou na primeira turma do curso Cozinheiro Chef Internacional, no Senac, em Águas de São Pedro, em 1994. O garoto de São José do Rio Pardo, que trabalhou num açougue na adolescência e tinha se destacado no curso de cozinheiros, tinha 19 anos ou 20 anos na época em que me deu a primeira entrevista para a *Revista Gula*. Por um erro de digitação, seu apelido foi publicado como "Jeffinha". A troca do "o" pelo "a" rendeu-lhe uma temporada de *bullying* no apartamento que dividia com outros jovens colegas cozinheiros, todos colecionadores vorazes de facas. Episódio superado com humor, nas últimas duas décadas fiz várias reportagens com ele, provei muitos pratos, vários menus, tivemos grandes conversas.

Não sou capaz de traçar a história de Jefferson Rueda em pratos – quem faz isso é a mulher dele, a Janaina, que sabe todos de cor, pela ordem e pelo restaurante da época. Um dos meus preferidos é a mezzaluna recheada de leitoa, servida com lentilhas, que ganhou o Prêmio Paladar em 2010 e inspirou a definição de seu estilo como ítalo-caipira. Outro incrível é a codorna recheada com molho de tamarindo, dos tempos do (hoje extinto) Madelleine. Na Casa do Porco, tenho vários favoritos, entre eles o sanduíche de porco com guacamole e cebola roxa, vendido na janelinha – aliás, tenho sido cliente frequente naquela janelinha: sempre que a espera para uma mesa está muito grande (o que é regra!), acabo me virando com o sanduíche na calçada, com muito prazer. Foi a receita que pedi para colocar neste livro, mas a Janaina – com toda razão – me disse que as pessoas não iriam conseguir fazer em casa, porque o que torna o sanduíche especial é a preparação do porco.

A Janaina é uma figura. Parece que é brava que só ela – está aí o apelido de Dona Onça (dado pelo marido) que não nos deixa enganar. Mas eu só conheço o outro lado dela: de coração grande, sentimentos à flor da pele e sempre disposta a defender causas importantes. Foi graças à generosidade de Janaina que consegui jantar no Noma, quando o restaurante de René Redzepi, em Copenhague, ainda era o número um do mundo. O jornal tinha decidido, com apenas três semanas de antecedência, me enviar para participar do MAD Food Camp, na Dinamarca. Uma delegação brasileira iria se apresentar lá a convite de Alex Atala. Procurei, então, o chef para saber como me inscrever para o evento e

como reservar um lugar no Noma. Sobre o restaurante, Alex disse que não haveria problema, pois ele tinha uma mesa a cada noite, uma delas para os brasileiros. Mas me desencorajou a respeito do evento. Não sei de onde ele tirou a ideia de que não havia mais lugares, pois, logo na primeira tentativa, fiz a inscrição pelo site. Quando cheguei em Copenhague, o tempo ia passando e nada da mesa reservada do Alex. Resolvi então tentar visitar a cozinha e o lugar, apenas para conhecer, um dia antes de ir embora – acabei comendo tacos ali e essa história está na página 172. Depois da visita, comentei com Janaina Rueda e ela disparou: "Como assim você não tem lugar? Tem um lugar sobrando na nossa mesa; o Georges, da *Prazeres da Mesa*, foi embora, todo mundo sabe, e sobrou o lugar dele!". E foi assim que almocei com a Janaina Rueda, o Rodrigo Oliveira, o Julien Mercier, o Fábio Moreira e a Camila Dias. Inesquecível.

TORRESMO DE PANCETTA COM GOIABADA E PICLES DE CEBOLA

PARA O PICLES DE CEBOLA

20 ml (4 colheres de chá) de água

20 ml (4 colheres de chá) de vinagre de arroz

2 g (¼ de colher de sopa) de sal

5 g (½ colher de sopa) de açúcar

50 g (½ xícara) de cebola roxa picada

PARA A CARNE

1 litro de água (para a salmoura)

80 g (½ xícara) de sal (para a salmoura)

20 g (2 colheres de sopa) de açúcar (para a salmoura)

500 g de barriga de porco (pancetta)

1 litro (4 xícaras) de banha de porco

1 litro de óleo

100 g (½ xícara) de goiabada cremosa

30 g (3 colheres de sopa) de purê de pimenta fermentada

Flor de sal

[15 unidades, aproximadamente]

1. Prepare o picles de cebola com um dia de antecedência, pois ele terá de ficar 12 horas na geladeira. Para isso, coloque em uma panela a água, o vinagre, o sal e o açúcar e leve ao fogo até ferver. Desligue e espere esfriar.

2. Corte a cebola em fatias finas e, quando a mistura da panela estiver fria, acrescente as fatias e misture bem. Deixe na geladeira por 12 horas.

3. Na véspera do preparo, faça uma salmoura com água, sal e açúcar, dissolvendo bem. Mergulhe a barriga de porco e deixe marinar por 3 horas na geladeira. Em seguida, tire-a da salmoura e seque com papel-toalha.

4. Ponha a banha de porco em uma panela grande, adicione a pancetta e leve para cozinhar em fogo baixo (o mais baixo de conseguir) durante 5 horas.

5. Retire a pancetta da banha, transfira para uma assadeira e deixe resfriar por 4 horas.

6. Aqueça o óleo até atingir uma temperatura de aproximadamente 200 °C.

7. Corte a pancetta em cubos grandes e frite em óleo quente até ficar dourada e crocante. Escorra e reserve.

8. Em uma vasilha, misture a goiabada e o purê de pimenta. Ponha em um saco de confeitar e aplique um pouco dessa mistura sobre cada quadradinho de pancetta.

9. Ponha algumas fatias do picles de cebola por cima da goiabada.

10. Salpique com flor de sal e sirva quente.

PARA NÃO ERRAR

» Esta receita requer planejamento: organize seu trabalho, pois são necessários dois dias de preparo (não o dia todo, claro, mas você terá de distribuir a preparação em dois dias).

» Você pode comprar o purê de pimenta pronto, mas, se quiser fazer, também precisará de tempo: coloque algumas pimentas, sal e açúcar em um pote fechado e deixe por aproximadamente 40 dias. Depois, tire do pote, bata no processador e ajuste o sal, se necessário. Conserve o purê em pote fechado na geladeira.

» Cuidado ao fritar a pancetta, pois a gordura espirra muito.

SOPAS E SALADAS

UMA DAS BOAS COISAS DA VIDA

"Ô Milton, me traz, por favor, um fettuccine Alfredo e por cima uma omelete com tudo o que tiver na cozinha." O maître de fraque de risca de giz e gravata-borboleta mal podia acreditar no que estava ouvindo. Seria possível que alguém fosse ao Massimo para pedir macarrão com omelete? Ficou sem saber se ria ou se anotava o pedido. Então o cliente sugeriu: "Faz assim, você tira dois pedidos, um fettuccine Alfredo e uma omelete. Daí, antes de sair da cozinha, você junta os dois". Minutos depois, o tal fettuccine e uma imponente frittata chegaram em pratos separados. "Põe no mesmo prato, a omelete por cima. Ou será que vou ter que ir à rodoviária para poder comer isso?!"

Pode não parecer, mas o cliente em questão é um homem elegante, culto e de muito bom gosto. Acontece que ele almoçava e jantava no Massimo praticamente todos os dias – fez isso até o restaurante fechar, em setembro de 2013 – e às vezes resolvia inventar. Elio Gaspari transformou o Massimo numa espécie de escritório: tinha uma mesa discreta no fundo do salão, sempre reservada, e marcava conversas, algumas entrevistas, encontrava os amigos ali.

Era de pagar ingresso ver os garçons apertando o passo para receber o ilustre *dotore* na chegada. Ele raramente respondia apenas com boa tarde ou boa noite, enquanto ia atravessando o salão formal, geralmente cheio de políticos, empresários e famosos. Disparava comentários inspirados para maîtres e garçons, que chamava pelo nome. "Aldo, cuidado com a carteira que aqui hoje está perigoso", dizia em voz baixa para o maître. E, quando o dono da casa chegava para cumprimentar com seu clássico *buona sera*, ouvia gozação: "A clientela aqui é tão suspeita que este é o único restaurante da cidade que, em vez de saída de emergência, indica a 'rota de fuga'" (verdade, a placa era assim). "Ô Massimo, se parar um ônibus do Carandiru aqui na frente, não vai sobrar ninguém." Massimo Ferrari soltava a maior gargalhada.

Ter o Elio Gaspari à mesa é uma das boas coisas da vida. Ele tem sempre uma opinião inteligente, uma abordagem surpreendente dos fatos e uma forma particular de ver as coisas. Sagaz e com um enorme senso de humor, é um grande contador de histórias – dos tempos em que era diretor da *Veja*; dos meandros da ditadura; dos diferentes momentos políticos do país; do Geisel, do Golbery; do piso do Kremlin, que vai ficando mais nobre conforme se aproxima da sala do poder; dos grandes personagens brasileiros; dos tempos em que morou em Nova York; da temporada em Harvard; dos amigos, dos inimigos, das viagens; do enterro dos Mamonas Assassinas; da posse do Obama (a que fez questão de assistir de pé, na rua, ao lado de milhares de americanos); da polícia batendo nos manifestantes nas ruas de São Paulo... Não por acaso, em qualquer festa ou reunião, ele está sempre rodeado de gente, até altas horas. Tem grande disposição para ouvir as pessoas, com gentileza e interesse, porém nem toda vez consegue, porque o que todo mundo quer é ouvir o Elio falar.

Mas, além disso tudo, o que me faz ter sempre vontade de chamá-lo para almoçar ou jantar é que ele adora comer. Dá gosto. Não adianta vir com foie gras, terrine, cremes sofisticados, picadinhos de nome chique e muito menos aves pequenas. Ele conhece tudo o que é bom, já esteve nos grandes restaurantes, tomou os melhores vinhos, mas gosta mesmo é de comida sem frescura, farta, com alma e de preferência italiana: assados "de bicho grande", massas, e, se possível, algum prato com tomate. Cada vez que descubro uma nova receita italiana, um molho de cozimento longo e sabor complexo, um jeito diferente de preparar um assado, penso nele. "Delmo, o Elio vai gostar disso, liga pra ele?"

Uma vez, passei uma semana na Itália visitando produtores de mortadela, presunto cru e embutidos. Devo ter trazido na mala uns quinze salames e mortadelas (pequenas) e mais uma peça de *culatello di Zibello* e um *prosciutto di Parma*. Na lojinha da fábrica da Villani, nos arredores de Modena, não teve como não lembrar dele quando vi um *cotechino* e umas lentilhas secas miúdas. Mandei mensagem dali mesmo para o Delmo: "Se eu não for presa na alfândega por contrabando de salames, convida o Elio para jantar no sábado".

O prazer do Elio de repetir uma coisa que dá certo (ele usa calças e camisas idênticas todos os dias, desde que descobriu suas favoritas, e passou a comprá-las em lotes toda vez que vai a Nova York) rendeu, entre muitas histórias, um episódio divertido envolvendo a ribollita. Ele provou essa sopa toscana rústica numa temporada em Florença. Gostou tanto que, por um mês, todas as noites, começou a refeição por ela na simpática trattoria Del Fagioli – lugar que, aliás, lhe havia sido recomendado pelo Massimo Ferrari. A sopa florentina de feijões comum leva legumes e *cavolo nero*, uma folha italiana aparentada da couve e da mostarda, mas a ribollita tem uma particularidade: ela é feita com as sobras da sopa florentina. E o jeito de dar vigor ao já combalido prato, depois de dois ou três dias, é forrar o fundo de uma travessa com fatias de pão esfregadas com alho, cobrir com uma camada de cebolas cortadas em fatias finíssimas e levemente refogadas e levar ao forno.

No Del Fagioli, a ribollita está mais para purê do que para sopa – fui lá provar, é claro, depois de ouvir a história do Elio. E a ribollita entrou para a minha seleção de preferidos. Mas só dá para fazer o prato autêntico por aqui entre junho e outubro, quando se encontra o *cavolo nero* em produtores de orgânicos.

RIBOLLITA

4 cebolas

80 ml de azeite extravirgem (⅓ de xícara) e mais um pouco para regar

4 dentes de alho descascados e bem picados, mais 1 dente inteiro sem casca

1 cenoura cortada em cubos

4 talos de salsão cortados em cubos

2 alhos-porós cortados em rodelas

1 tomate maduro cortado em cubos

100 g (½ xícara) de feijão-rajado

1 litro de caldo de carne

300 g de *cavolo nero*

Sal a gosto

Pimenta-do-reino a gosto

1 ou 2 ramos de alecrim

4 ou 5 raminhos de tomilho fresco

4 fatias de pão italiano amanhecido

100 g (1 xícara) de queijo parmesão ralado

[4 porções]

1. Descasque e pique duas cebolas, coloque-as em uma caçarola grande com metade do azeite e refogue até ficarem macias. Junte metade do alho picado e refogue por mais 1 minuto.

2. Adicione a cenoura, o salsão, o alho-poró e o tomate e deixe cozinhar por aproximadamente 10 minutos.

3. Junte o feijão e metade do caldo de carne e deixe cozinhar em fogo baixo até o feijão estar macio. Vá colocando água aos poucos, sempre que necessário.

4. Quando o feijão estiver cozido, corte o *cavolo nero* em pedaços com as mãos e acrescente à panela. Deixe cozinhar por alguns minutos, tempere com sal e pimenta e retire do fogo.

5. Bata tudo em um processador e depois devolva à panela. Adicione a metade restante do caldo de carne e deixe cozinhar.

6. Em uma panela separada (pequena), aqueça o azeite e o alho restantes, junte o alecrim e o tomilho e refogue em fogo baixo, sem deixar o alho escurecer. Coe os sólidos e transfira o azeite quente para a panela com a sopa.

7. Mexa novamente para misturar bem, depois retire a sopa do fogo. Espere esfriar e guarde na geladeira até o dia seguinte.

8. Torre levemente as fatias de pão no forno.

9. Esfregue um dente de alho inteiro sem casca em cada fatia e forre com elas o fundo de um refratário de bordas altas, que possa ir ao forno e à mesa, e reserve.

10. Corte as outras duas cebolas em fatias finas e refogue-as em uma frigideira com azeite até amolecerem. Acomode-as sobre as fatias de pão, no refratário, formando uma camada e regue com um fio de azeite.

11. Tire a sopa da geladeira e aqueça em uma panela, depois despeje-a quente por cima das fatias de pão.

12. Polvilhe a sopa com queijo parmesão ralado.

13. Preaqueça o forno a 180 °C por 10 minutos e coloque o refratário. Asse até a sopa começar a borbulhar. Tire do forno e sirva em seguida, acompanhada de queijo ralado.

PARA NÃO ERRAR

» Prefira feijão-rajado em vagem. Deixe-o de molho, troque a água duas ou três vezes, debulhe e cozinhe até estar bem macio. Vá testando: se estiver muito firme, cozinhe mais um pouco, para não comprometer a textura da sopa, que tem de ser macia.

» De preferência, faça em casa o caldo de carne, é mais saboroso e saudável.

TOQUE
DA BOEMIA

Adoro pensar que a sopa de cebola que a gente toma hoje não é assim tão diferente da que tomavam gregos, egípcios e romanos na Antiguidade. É claro que os milênios de história aprimoraram a receita original, para nossa sorte. Alguém teve a ideia de assar a cebola em vez de colocá-la direto na panela, o que suaviza o sabor e a deixa adocicada; outro investiu na longa preparação de um caldo de carne bem aromático. Lá pelo século XII, os gauleses inventaram de colocar o pão na sopa – eles punham uma fatia de pão no fundo do prato e despejavam por cima o caldo do cozimento da carne.

Mas o toque magistral – passar a mostarda de Dijon numa fatia de baguete torrada antes de ralar uma boa porção de gruyère por cima e levar para gratinar sobre a sopa – é coisa bem mais recente. Mania que surgiu em Paris nos restaurantes próximos ao mercado Les Halles, frequentado por cozinheiros e comerciantes nas madrugadas, quando ele ainda era o principal mercado de alimentos frescos em Paris (em 1970, o mercado de alimentos foi transferido para Rungis, nos arredores da cidade).

E vem daí a fama de boemia da sopa, que virou um clássico do fim de noite parisiense. Há dezenas de maneiras de prepará-la: cebola em fatias ou picadas, pão no topo ou no fundo, com ou sem vinho... Esta versão tem um truque que a deixa mais leve: as cebolas são assadas antes de irem para a panela. Perfeita para um dia frio.

SOPA DE CEBOLA FRANCESA

5 cebolas grandes descascadas e fatiadas

240 ml (1 xícara) de vinho branco seco

90 g (½ tablete menos 1 colher de sopa) de manteiga sem sal

160 ml (⅔ de xícara ou 10 colheres de sopa) de azeite extravirgem

1 pitada de açúcar

Sal a gosto

Pimenta-do-reino branca a gosto

2 folhas secas de louro

1,5 litro de caldo de galinha

200 ml (2 cálices) de vinho do Porto

8 fatias grandes de baguete (ou outro pão de casca dura)

Mostarda de Dijon a gosto (o suficiente para passar no pão)

350 g (2 e ½ xícaras) de queijo gruyère ralado grosso

[4 porções]

1. Preaqueça o forno a 180 °C por 10 minutos.

2. Ponha as cebolas em uma assadeira com o vinho branco misturado com 40 g (quatro colheres de sopa) de manteiga. Leve para assar por uns 20 minutos, até amolecerem bem. Retire do forno.

3. Derreta a manteiga restante com o azeite numa caçarola grande o suficiente para conter o caldo. Junte as cebolas e uma pitada de açúcar e refogue, mexendo sempre, até caramelizar.

4. Tempere com sal e pimenta, depois adicione as folhas de louro. Refogue mais um pouco e junte o caldo de galinha e o vinho do Porto.

5. Leve as fatias de pão ao forno para torrar (sem deixar escurecer), enquanto a sopa ferve, por aproximadamente 15 minutos. Retire o pão, mas deixe o forno ligado.

6. Passe uma camada fina de mostarda em cada torrada e cubra com uma porção generosa de queijo gruyère ralado.

7. Desligue o fogo, descarte o louro da caçarola e transfira a sopa para travessas individuais que possam ir ao forno. Sobre cada uma, disponha uma torrada com queijo.

8. Leve as travessas de sopa com a torrada por 10 minutos ao forno, até derreter o queijo. Sirva em seguida com torradas extras à parte, se quiser.

PARA NÃO ERRAR

» Não escureça demais as fatias de pão. Tire do forno assim que torrarem.

» Use um processador ou uma mandoline para fatiar a cebola: isso facilita e agiliza o processo.

» Ponha a sopa já quente nos refratários, assim ela só precisa ficar no forno até derreter o queijo da torrada.

» Só ponha as torradas sobre a sopa quando for levar tudo ao forno para servir. Senão elas amolecem e perdem a graça.

» De preferência faça o caldo em casa, é muito mais saboroso e saudável.

ITALIANOS QUE NÃO EXISTEM NA ITÁLIA

Giovanni Bruno gostava muito de receber amigos, atores e celebridades em seu restaurante – ele abria o sorriso e às vezes até soltava a voz pelo salão com as canções do Peppino di Capri. Mas não tinha a menor paciência com clientes que ficavam pedindo para mudar os pratos. Nesses casos, não fazia muita questão de ser gentil...

Conheci a cantina de Giovanni Bruno aos 9 ou 10 anos de idade, e quem levou minha família lá foi o Nilton Travesso, grande diretor de tevê, pessoa queridíssima e meu padrinho profissional – foi por causa dele que acabei indo trabalhar no *TV Mulher*, da Rede Globo, quando ainda estava na faculdade de jornalismo.

Italiano da região de Salerno, Giovanni Bruno chegou ao Brasil em 1950. Trabalhou no Gigetto por 17 anos (foi ajudante, descascador de batatas, cozinheiro; mas fez fama mesmo como garçom) e saiu de lá com dois companheiros de salão para abrir a Cantina do Julio. Dois anos depois, em 1968, inaugurou o restaurante com seu nome na Rua Martinho Prado, na Bela Vista. Lembro pouco do lugar, mas guardo os detalhes do prato que tínhamos ido lá para comer: *cappelletti alla romanesca*. A massa recheada de carne era servida com um molho de creme de leite e manteiga, ervilhas, cogumelos e cubinhos de presunto cozido. Ícone dos pratos "italianos" que não existem na Itália, só nas cantinas paulistanas – como o espaguete à bolonhesa (em Bolonha, o molho com carne se chama *ragu* e é servido com tagliatelle) e o filé à parmigiana –, esses cappelletti entraram para a história da cidade como "invenção de Giovanni Bruno". Mas são claramente inspirados no *fettuccine à la parisienne*, receita francesa, como ele mesmo admitia, e também no molho *alla papalina*. Fiquei fascinada, lembro que achei o prato muito sofisticado!

A paixão pelos *cappelletti alla romanesca* durou pouco, mas ainda gosto muito da salada *dei cesari*, que conheci anos depois. Era o próprio Giovanni Bruno quem preparava essa salada no salão à frente dos clientes: farta, montada numa saladeira grande, com folhas verdes crocantes, tomate-caqui cortado em rodelas grossas, bolas de muçarela (raridade naqueles tempos), torradas de pão francês com alho, gorgonzola e um molho forte com anchovas, vinagre e azeite. Dava de dez em qualquer outro prato do cardápio. Algumas vezes ele colocava também fatias fininhas de rosbife. Era o que eu pedia no Il Sogno di Anarello, o restaurante que ele abriu na Vila Mariana, em 1980, depois de ter vendido a primeira casa e perdido o direito de usar o próprio nome.

Personagem importante na história das cantinas paulistanas, Giovanni Bruno recebeu do governo da Itália o título de *cavaliere* e inspirou até personagem de novela da Globo. Morreu em 2014, na volta de uma viagem à Itália.

O jeito ideal de servir esta salada é numa travessa bem grande, antes de um prato de massa simples, como espaguete com molho de tomates frescos (como o que está na página 119). A situação ideal? Um almoço de domingo com a mesa cheia de gente, bem ao gosto dos italianos.

SALADA *DEI CESARI*

1 pé de alface-romana

½ maço de agrião

Manjericão fresco a gosto

Salsinha fresca a gosto

4 ou 5 talos de salsão

1 pé de erva-doce

200 g (4 ou 5 unidades) de palmito

120 g (3 bolas grandes) de muçarela de búfala fresca

2 tomates-caqui grandes e maduros

50 g de rosbife

40 g (4 colheres de sopa) de queijo gorgonzola picado

Torradas de pão francês

PARA O MOLHO

4 filés de anchova em conserva

½ dente de alho picadinho

6 g (1 colher de chá) de orégano seco

Sal a gosto

Pimenta-do-reino a gosto

160 ml (⅔ de xícara) de azeite extravirgem

16 ml (1 colher de sopa) de vinagre de vinho tinto

5 ml (1 colher de chá) de suco de limão

[4 a 6 porções]

1. Lave a alface, o agrião, o manjericão, a salsinha, o salsão e a erva-doce. Seque bem.

2. Corte os talos de salsão em quatro ou cinco pedaços; a erva-doce em pedaços de 5 cm e o palmito em rodelas.

3. Corte a muçarela em rodelas grossas e os tomates em rodelas de espessura média (mais ou menos 1 cm).

4. Em uma vasilha pequena, prepare o molho: misture o azeite, o alho, o limão e o vinagre e acrescente os filés de anchova. Bata com um batedor de arame ou com um garfo para desmanchar os filés e misturar tudo muito bem. Tempere com pimenta, orégano e ponha sal com cuidado (a anchova já é bem salgada). Prove e ajuste o sal, se for necessário.

5. Pouco antes de levar à mesa, monte a salada na travessa de servir. Ponha primeiro as folhas misturadas, o tomate, o palmito e as fatias de rosbife; espalhe pedaços de queijo gorgonzola, as rodelas de muçarela, as folhas de manjericão e de salsinha. Regue com o molho.

6. Distribua as torradas e sirva em seguida.

PARA NÃO ERRAR

» Para fazer as torradas, corte um pão francês em rodelas e esfregue, delicadamente, um dente de alho descascado. Passe um pouco de manteiga e asse em forno baixo até torrar. Espere esfriar para usar.

» Costumo comprar o rosbife pronto e fatiado para usar na salada, mas, se preferir fazê-lo em casa, é só limpar bem uma peça de filé-mignon e esfregar sal em toda a superfície da carne; em seguida, aquecer uma panela grande, cobrir o fundo com uma camada rasa de óleo, esquentar bem e colocar a carne, virando para dourar por inteiro. A crosta deve ficar crocante, escura, mas o interior da carne, bem rosado. Como o rosbife dessa salada tem que ser fininho, se você não tiver um fatiador de frios, melhor levar a peça até a padaria e pedir para cortar.

» Use bolas grandes de muçarela de búfala, e quanto mais frescas, melhor.

» Selecione tomates-caqui bem maduros, mas ainda firmes.

» Seque bem as folhas, para que fiquem crocantes.

» Deixe todos os ingredientes preparados, mas só monte a salada na hora de levar à mesa, para não amolecer.

LENTILHAS COMME IL FAUT

Rachel Khoo, uma inglesa bonitinha, formada em relações públicas, mudou-se para Paris, estudou na Le Cordon Bleu e teve a grande sacada de mostrar que é possível fazer banquetes num espaço minúsculo. A cozinha que a tornou famosa tinha um miniforno e um fogão de duas bocas, além da geladeira, e comportava apenas uma pessoa. Virou cenário dos programas que ela apresenta na tevê – *Rachel Khoo's Kitchen Notebook*, na BBC, e *The Little Paris Kitchen (A pequena cozinha em Paris)*, que chegou a ser exibido pela GNT e dá nome ao livro dela que saiu no Brasil. Também serviu de laboratório para as receitas que publica em sua coluna no jornal *London Evening Standard*.

Foi pensando no tamanho da cozinha de Rachel Khoo que me inspirei a fazer as receitas deste livro na minha cozinha, que é maior que a dela, mas também mínima: um corredor de 9 m², sem equipamentos sofisticados – o maior luxo é uma geladeira de cura de embutidos, feita pelo meu amigo Fernando Waisberg. Com um pouquinho de organização (e rigor para lavar e guardar panelas e utensílios conforme forem sendo usados), não faltou espaço para preparar, em média, oito receitas por dia para as fotos deste livro.

Na simpática coleção de receitas francesas clássicas reunidas por Rachel Khoo em seu primeiro livro, há uma versão de salada de lentilhas com beterrabas e queijo de cabra. Essa salada, bastante popular na França (geralmente servida morna), é uma das minhas preferidas. Mas confesso que estou sempre mudando a fórmula: costumo fazer variações e acrescentar folhas verdes, minirrúcula ou agrião; e, em vez de beterraba, às vezes uso abóbora assada e nozes torradas salpicadas – fica

ótimo também. No Arturito, a Paola Carosella faz uma versão com pasta de berinjela. O queijo de cabra pode ser quente e firme, tipo chevrotin, ou frio e cremoso, como o chèvre (esse da foto fui eu que fiz, a receita está na página 69). Só não troco as lentilhas du Puy – cultivadas na região vulcânica de Auvergne, na França. São menores, mais delicadas e saborosas que as lentilhas comuns. Por aqui a gente as encontra em alguns empórios gastronômicos.

SALADA DE LENTILHA, MINIAGRIÃO, BETERRABA E QUEIJO DE CABRA

1,5 litro de água

2 folhas de louro

1 ramo de tomilho

5 ou 6 folhas de estragão fresco

3 g (1 colher de chá) de sal para as lentilhas e a gosto para o molho

240 g (2 xícaras) de lentilhas du Puy

¼ de maço de dill (endro)

20 g (2 colheres de sopa) de salsinha fresca

120 ml (½ xícara) de azeite extravirgem

32 ml (2 colheres de sopa) de vinagre de vinho branco

1 beterraba descascada

4 grãos de pimenta-do-reino

1 maço de miniagrião

100 g (6 a 8 bolinhas) de queijo de cabra fresco cremoso

[4 porções]

1. Aqueça a água em uma panela de tamanho médio com uma folha de louro, o tomilho, o estragão e o sal.

2. Quando a água estiver fervendo, acrescente as lentilhas e cozinhe por 15 a 20 minutos, até estarem macias, mas firmes. Tire do fogo, escorra a água e reserve.

3. Em um processador, coloque o dill, a salsinha, o azeite, uma colher de sopa de vinagre e sal a gosto. Bata muito bem até formar um molho. Prove e ajuste o sal, se for necessário.

4. Lave a beterraba e cozinhe em água fervente com uma folha de louro, uma colher de sopa de vinagre de vinho branco, quatro grãos de pimenta-do-reino e sal. Quando estiver macia, escorra a água e corte a beterraba em lâminas finas. Espere esfriar.

5. Escorra as lentilhas e descarte o louro, o estragão e o tomilho. Ponha-as na travessa de servir, espalhe por cima o miniagrião e distribua as lâminas de beterraba. Por fim, disponha o queijo de cabra (em bolas ou a colheradas).

6. Tempere com o molho e sirva morna ou fria.

PARA NÃO ERRAR

» Use lentilhas du Puy verdes, que são mais firmes e saborosas que as comuns.

» Misture tudo apenas na hora de servir.

PÃO E TOMATE, TODO MUNDO TEM

De todas as maneiras de aproveitar sobras de pão, a panzanella é minha preferida. A combinação de tomate, alho, pão e azeite, que é a base dessa salada, é uma das melhores criações da *cucina povera*, uma cozinha peculiar que os italianos desenvolveram nos campos, driblando a escassez e transformando sobras em pratos notáveis. Rústica, forte, perfumada, a panzanella tem pinta de napolitana, mas é toscana e muito consumida na Itália central, de Florença a Roma. Na verdade, ela é mais uma das tentativas bem-sucedidas de dar graça ao pão local sem sal – e, nesse caso, já amanhecido. É uma parente próxima da bruschetta.

Os toscanos molham o pão velho para amolecê-lo, depois apertam para tirar o excesso de água antes de misturar tomate, salsão, cebola e alho e temperar com azeite, sal e pimenta. Mas por toda a Itália há variações da receita e, não por acaso, como se diz por lá: pão e tomate, todo mundo tem. Não dá para dizer que o pão seja um grande trunfo no país. Mas o tomate... Carnudo, firme, com a pele lisa e o sabor adocicado, é o vegetal mais consumido na Itália. Somando o que vai no sugo, no ragu, na salada, na salsa, ao forno, à grelha, ao sol, na torta, na *pappa al pomodoro*, entre tantas outras formas de uso, cada italiano come, em média, 66 kg de tomate por ano. E o curioso é que o italianíssimo tomate, que é americano, levou mais de duzentos anos para ir do jardim para a cozinha – quando cruzou o Atlântico, no período chamado de Cinquecento, numa variedade amarela que inspirou o nome *pomo d'oro* ("fruto de ouro"), o tomate tinha fama de ser venenoso. E foi só no século XVIII que começou a aparecer em receitas, na cidade de Nápoles.

De original, esta receita de panzanella não tem nada, nem o pão velho – leva ciabatta fresca e torrada. Fui agregando ingredientes, anotando variações de diferentes receitas que encontrava e cheguei a uma salada que faz uma bela refeição no verão. Tem tomates sweet grape, pequenos e adocicados; minimuçarelas de búfala; crôutons de ciabatta ou de pão de fôrma sem casca, em cubos grandes, temperados com azeite; sal, pimenta e erva-doce seca. E manjericão. Para não deixá-la molhada, como a tradicional, o segredo é misturar tudo só na hora de servir, assim o pão fica crocante e faz um delicioso contraste com a maciez da muçarela e a acidez do tomate. Mas, se sobrar, guarde, porque no dia seguinte, com o pão molhado pelo azeite e os temperos, fica excelente também.

PANZANELLA

2 pães ciabatta de tamanho médio

120 ml (½ xícara) de azeite extravirgem e mais um pouco para pincelar os pães

Erva-doce a gosto

Sal a gosto

Pimenta-do-reino moída na hora a gosto

300 g de tomates sweet grape

250 g (6 ou 7 bolas) de muçarela de búfala

¼ de maço de manjericão com folhas grandes e bem frescas

[4 porções]

1. Corte as ciabattas em cubos grandes, pincele-as com azeite e tempere com sal, erva-doce e pimenta.

2. Preaqueça o forno a 180 °C por 5 minutos. Disponha os cubos de pão em uma assadeira e leve-os para assar até o pão endurecer, mas sem escurecer. Tire do forno e deixe esfriar, sem tampar, em lugar arejado.

3. Lave os tomates e corte-os ao meio. Lave e seque o manjericão.

4. Escorra as bolinhas de muçarela e corte-as ao meio.

5. Misture os tomates e a muçarela em uma vasilha, tempere com azeite, sal e pimenta. Junte as folhas de manjericão.

6. Acrescente os cubos de pão torrados, misture rapidamente e sirva em seguida.

PARA NÃO ERRAR

» Espere o pão esfriar antes de fazer a salada.
» Misture os ingredientes apenas na hora de servir para não murchar.

VARIAÇÃO

» Se quiser fazer a panzanella convencional, use pão amanhecido picado. Molhe o pão com um pouco de água e aperte; corte o tomate em cubos, pique um dente de alho e misture tudo, temperando com azeite e sal. Sirva gelada.

MASSAS

ALI TODO MUNDO ERA *DOTORE*

Nos bons tempos do restaurante Massimo, na Alameda Santos, um dos clássicos do cardápio era o nhoque com camarão, pesto e tomate. Era sempre um prazer ver chegar à mesa aquele prato farto, servido na louça de proporções de um *sousplat* que compunha o enxoval da casa dos irmãos Massimo e Venancio Ferrari. Tinha as cores da bandeira da Itália, misturava sofisticação e rusticidade e combinava perfeitamente com o enorme salão, repleto de luzes e flores, por onde circulavam ricos e poderosos em geral, políticos e empresários em particular.

Ir ao Massimo era uma festa. Não havia anfitrião capaz de superar Massimo Ferrari, com seus suspensórios e o largo sorriso. E quantos mimos! Ele estava sempre oferecendo gentilezas comestíveis para aplacar a fome e o desejo de *dotori, signori* e *signorini* se sentirem especiais. Levava umas fatias de *prosciutto* para uma mesa, a ricota assada com molho de tomate para outra; às vezes camarões no vapor com feijão-branco... O cardápio era dividido à moda italiana, com *antipasti, primi* e *secondi piatti*. Entre os clássicos, havia o *baccalà mantecato*, servido como entrada sobre quadradinhos de polenta cozida; o grelhado dos pescadores – misto de camarão, lulas e peixes que chegava numa chapa fumegante; a picanha *alla italiana*, com alho, pimenta dedo-de-moça fresca e arroz puxado no alho; o leitãozinho ao forno. A paleta de cordeiro com massa e o molho do *arrosto* não estava no cardápio, mas sempre tinha. Aos sábados, a feijoada era imbatível. E nenhuma sobremesa superava a tarte tatin, que manteve por muitos anos a fama de ser a melhor da cidade.

A primeira vez que fui ao Massimo, não paguei a conta. Tinha 16 anos, o restaurante tinha sido inaugurado havia pouco e – bem metidos – meu namorado, as irmãs dele, meu irmão Marcelo e eu resolvemos conhecer o lugar de que tanto se falava. No segundo degrau já deu para sentir que não era para o nosso bico. Mas nos aprumamos e seguimos o maître pelo salão enorme de ladrilhos avermelhados, que estava lotado de gente de pelo menos três vezes a nossa idade. Nunca tinha visto um serviço tão gentil; toda hora nos traziam algum agrado – e íamos ficando felizes e ao mesmo tempo apreensivos com a gastança. Quando pedimos a conta, o maître se aproximou sorridente e disse: "Vocês são nossos convidados, a mesa mais jovem que já veio ao restaurante". Mal podíamos acreditar! Caprichamos na gorjeta e fomos embora felizes. A euforia terminou no dia seguinte, quando os pais do meu namorado contaram que também tinham ido ao Massimo naquela noite, nos viram entrar e foram eles que pagaram a nossa conta para fazer graça...

O restaurante durou 37 anos, de janeiro de 1976 a setembro de 2013. Depois da morte da mãe, os irmãos Ferrari se desentenderam e Massimo acabou deixando a casa, que era sua cara, em 2007. Abriu uma rotisseria com o nome dos pais, Felice & Maria, homenagem ao casal que tocou a churrascaria Cabana por anos, e se concentrou no restaurante da Rede Globo em São Paulo. Venancio manteve sozinho o restaurante Massimo por quase seis anos, já bem longe de seu apogeu, mas não resistiu e acabou fechando as portas.

PENNE COM CAMARÃO, TOMATE E PESTO

1 kg de camarões grandes

50 g (¼ de tablete) de manteiga sem sal

Sal a gosto

Pimenta-do-reino a gosto

10 tomates bem maduros

1 e ½ dente de alho

300 ml (1 xícara mais ¼) de azeite extravirgem

½ maço de manjericão fresco

20 g (2 colheres de sopa) de pinoles

500 g (1 pacote) de penne

4 litros de água

[4 porções]

1. Descasque e limpe os camarões. Refogue-os rapidamente na manteiga por 2 ou 3 minutos, no máximo, e tempere com sal e pimenta. Tire do fogo e reserve.

2. Tire a pele e as sementes dos tomates e corte-os ao meio no sentido vertical. Em seguida, corte cada metade em quatro fatias, também em sentido vertical. Reserve.

3. Descasque e pique um dente de alho e ponha em uma frigideira junto com 240 ml (1 xícara) de azeite. Acenda o fogo e, assim que o alho começar a chiar, antes de pegar cor, acrescente o tomate. Mexa e deixe cozinhar por 3 ou 4 minutos. Tempere com sal, mexa novamente e desligue o fogo enquanto os tomates ainda estiverem firmes. Reserve.

4. Para fazer o pesto, ponha as folhas de manjericão em um processador, junte os pinoles e meio dente de alho descascado e picado. Vá adicionando o azeite aos poucos, batendo até formar uma pasta. Tempere com sal e misture bem. Reserve.

5. Cozinhe a massa na água fervente com duas colheres de sopa de sal.

6. Antes de escorrer a massa, aqueça os tomates e os camarões, separadamente.

7. Escorra a massa, ponha na frigideira com os tomates e misture bem.

8. Transfira a massa para uma travessa de servir. Junte os camarões aquecidos, mexendo com cuidado.

9. Com uma colher de chá, ponha um pouco do pesto sobre cada camarão. Sirva em seguida, com o pesto restante à parte.

PARA NÃO ERRAR

» Use os maiores camarões que encontrar. Refogue-os rapidamente na manteiga, apenas até que mudem de cor – se refogar muito, eles endurecem. Se preferir, cozinhe-os rapidamente em água fervente.

» Escolha tomates frescos bem maduros para fazer o molho.

» Faça um pesto suave, com pouco alho, senão ele toma conta do prato, encobrindo os outros sabores.

» Só misture massa, molho e camarão na hora de servir.

VARIAÇÃO

» Em vez de penne, em dia de muita vontade de cozinhar, faça nhoque – era assim a receita original do Massimo.

GUARDIÃ DO PRATO

Sou uma espécie de guardiã desta receita do Benny Novak, que vi pela primeira vez na revista *Sabor*, uma publicação gastronômica sofisticada e customizada do Grupo Pão de Açúcar que durou apenas dois anos, de 2000 a 2002. Benny ainda era pouco conhecido. Tinha voltado de Londres, onde se formou na Le Cordon Bleu, trabalhado em alguns endereços de São Paulo e acabara de inaugurar uma casa simpática de cozinha francesa com toques moderninhos, o Ici Bistrô. O restaurante, aberto em sociedade com o amigo de infância, Renato Ades, começou a funcionar em 2002, em Higienópolis – que, na época, ficava fora do circuito gastronômico da cidade. Hoje, já famosos, os sócios têm também a Tappo Trattoria, nos Jardins, além de três grifes em parceria com a Companhia Tradicional de Comércio: Ici Brasserie, Bráz Trattoria e Bráz Elettrica.

Benny Novak custou a perceber a vocação de cozinheiro. Pensou que seria dentista, sonhava ser músico – ele tem uma banda de blues – e trabalhou com o pai administrando imóveis até se achar na cozinha. Na reportagem para a *Sabor*, contou que costumava fazer este espaguete com queijo feta, cebolinha-francesa e pimenta calabresa em casa, quando estava com vontade de comer bem e preguiça de cozinhar.

A combinação parecia perfeita e corri para comprar os ingredientes. Queria testar se a receita era, de fato, tão boa, fácil e rápida como parecia. E era. A textura firme e o sabor salgado, quase picante, do queijo grego de leite de ovelha, que é levemente maturado, se acentuam com o toque refrescante da cebolinha-francesa. E a pimenta calabresa provoca, atiça os sabores, enquanto o azeite age para uni-los e pacificá-los. É tudo frio, só picar e misturar enquanto a massa cozinha. Acabou virando um clássico lá em casa – e foi uma das primeiras receitas que publiquei na minha coluna "Prato do Dia", no *Paladar*.

O engraçado é que quando liguei para o Benny para contar que ia publicá-la e perguntar quando e como *mesmo* ele tinha criado o prato, ele titubeou uns instantes – não se lembrava da receita! Coisa de gente criativa, que vai tendo ideias e mais ideias e acaba perdendo algumas pelo caminho. Ainda bem que outros belos pratos dele continuam firmes nos cardápios de seus restaurantes, sem o menor risco de serem esquecidos. Seria uma pena perder a receita do tutano com brioche; do atum mi cuit com purê de batata e wasabi; e do melhor pain perdu da cidade, feito com brioche e servido com crème anglaise e compota de pera. Todos do Ici Bistrô, todas as receitas já bastante publicadas.

ESPAGUETE COM FETA

500 g (1 pacote) de espaguete

4 litros de água

20 g (2 colheres de sopa) de sal

220 g de queijo feta (queijo de leite de ovelha)

40 g (4 colheres de sopa) de cebolinha-francesa (ciboulette)

120 ml (½ xícara) de azeite extravirgem

5 g (½ colher de sopa) de pimenta calabresa

[4 porções]

1. Cozinhe a massa em água fervente com o sal.

2. Corte o queijo feta em cubinhos e ponha na tigela em que vai servir a massa.

3. Pique a ciboulette e misture-a ao queijo. Regue com o azeite e mexa para distribuir bem.

4. Salpique a pimenta calabresa sobre o queijo momentos antes de misturar a massa.

5. Escorra a massa quando estiver cozida, mas ainda firme, e despeje na tigela com o queijo. Misture bem e, se quiser, ponha um pouco mais de azeite. Sirva quente.

PARA NÃO ERRAR

» Você pode usar qualquer tipo de massa em fio, mas evite as muito fininhas, como cabelo de anjo ou tagliolini, que ficam encobertas pelo molho.

» Use ciboulette, a cebolinha-francesa, que é fininha e tem sabor mais delicado que a cebolinha comum. Essa erva aromática tem de ser usada fresca, jamais seca.

» Misture a pimenta aos demais ingredientes apenas momentos antes de servir: essa é uma maneira de controlar a picância. Quanto mais tempo em contato com o azeite, mais forte ela se torna.

» Pique o queijo feta em cubos pequenos, senão ele vai todo para o fundo da tigela e não se mistura à massa. Na hora de servir, misture bem, puxando os ingredientes do fundo da tigela.

AVANTI, CARBONARI

Esta não é a receita original do espaguete à carbonara. É quase. Os integrantes da *confraria della carbonara* que me desculpem, mas, como esta versão só não é oficial por causa de dois pequenos deslizes – meia taça de vinho branco seco, despejada sobre a pancetta já refogada na frigideira, e um pouco de salsinha –, fico à vontade para manter o nome. E, além disso, a transgressão não passa nem perto das barbaridades que se veem por aí propagando o nome da receita em vão. O espaguete à carbonara é o prato italiano mais falsificado no mundo. Não é exagero. A informação foi divulgada pelo Itchefs-GCVI, organização dedicada a preservar a autenticidade da cozinha da Itália.

São tantas (e tão polêmicas) as preparações, que levam desde creme de leite às ervas aromáticas, presunto e limão, que quando alguém quer demonstrar seriedade ao citar o prato se vê quase obrigado a dizer "o autêntico". O curioso é que ninguém pode garantir exatamente o que é autêntico nesse caso. Na verdade, é difícil dizer se há mais receitas "verdadeiras" de espaguete à carbonara ou histórias sobre a origem do prato. O fato é que não existem provas sobre a autenticidade de nenhuma das duas.

Sobre a origem do prato, dá para se divertir imaginando a versão de que ele surgiu em Roma depois da Segunda Guerra Mundial, com ovos e bacon que faziam parte da ração militar dos americanos: os soldados teriam misturado espaguete aos ovos mexidos com bacon (só que eles recebiam ovos em pó...). E tem também a versão que liga o prato às lutas pela unificação da Itália e remete à *trattoria* onde se reunia a sociedade secreta revolucionária Carbonari, a Osteria Tre Corone, em Fratta Polesine, na região do Vêneto. O restaurante, aberto ainda hoje, anuncia que faz "o verdadeiro carbonara". Só que o molho ali leva creme de leite...

O que parece, de fato, é que o espaguete à carbonara é romano e recente (a receita não é citada em nenhum livro de cozinha com mais de cinquenta anos) e deriva de um prato napolitano antigo chamado *unto e uovo* ("ovos e gordura", que no caso era o lardo).

De qualquer modo, a receita oficial em vigor leva cinco ingredientes e abre espaço para apenas uma discussão: o uso do guanciale (a bochecha de porco curada com sal e pimenta, maturada por três meses) ou da pancetta (a barriga de porco curada e maturada por dois ou três meses). De resto, são admitidos apenas outros quatro ingredientes: gemas, pimenta-do-reino preta, sal e queijo pecorino. E, neste caso, salsinha fresca picada e um vinhozinho – truque que aprendi anos atrás, quando eu ainda nem era da gastronomia, vendo minha amiga Alexandra Forbes preparar o prato em um jantar improvisado na minha casa.

ESPAGUETE À CARBONARA

500 g (1 pacote) de espaguete

4 litros de água

20 g (2 colheres de sopa) de sal mais a gosto para temperar

150 g de pancetta (ou guanciale)

25 g (⅛ de tablete) de manteiga

40 ml (2 e ½ colheres de sopa) de azeite extravirgem

60 ml (¼ de xícara) de vinho branco seco

4 gemas

20 g (2 colheres de sopa) de salsinha fresca picada

50 g (½ xícara) de queijo pecorino ou parmesão ralado na hora

Pimenta-do-reino preta moída na hora a gosto

[4 porções]

1. Cozinhe a massa em água fervente com duas colheres de sal até que esteja al dente, ou seja, cozida mas ainda firme.

2. Corte a pancetta (ou guanciale) em cubos pequenos.

3. Em uma frigideira grande, aqueça a manteiga e o azeite e refogue a pancetta até dourar (não é para ficar crocante). Adicione o vinho branco, mexa, deixe evaporar o álcool e desligue o fogo.

4. Em uma vasilha grande à parte, misture as gemas, a salsinha, o queijo, o sal e a pimenta e mexa bem. Reserve.

5. Aqueça novamente a pancetta na frigideira.

6. Escorra a massa e despeje-a na vasilha com os ovos temperados, misture bem. Adicione a pancetta quente e misture rapidamente.

7. Sirva em seguida, acompanhada de queijo parmesão ralado.

PARA NÃO ERRAR

» Use apenas o espaguete: esse molho não fica bom com massas de fio finas, nem com tubos.

» Misture as gemas, o queijo, o sal e a pimenta só depois de colocar a massa para ferver.

» Antes de escorrer a massa, leve a pancetta de volta ao fogo para aquecer bem.

» Antes de servir, moa um pouco mais de pimenta-do-reino preta sobre a massa.

» Use um bom vinho branco seco para refogar a pancetta.

O FILHO DA MÃE

Não deve ser fácil ser filho de alguém muito grande em qualquer área e seguir a mesma profissão. Mas, no caso de Giuliano Hazan, não tenho a menor pena. Ao contrário: sinto uma inveja danada do sujeito que cresceu na beirada do fogão da Marcella Hazan. Ok, a grande dama da cozinha italiana não era moleza; todo mundo sabe que era geniosa. Porém, o fato é que, além de comer bem a vida toda, Giuliano ainda herdou o talento da mãe e aprendeu com ela todos os segredos da culinária da Itália.

Ele mostrou jeito para a coisa aos 3 anos de idade, quando deu cabo do primeiro prato de tortellini recheados de ricota e acelga, feitos pela avó (ah, ainda tem mais essa, as duas avós eram deusas da cozinha). O menino caiu no sono e acordou fã inveterado de massas, como escreveu Marcella no prefácio de *A Autêntica Cozinha Italiana*, o primeiro livro de Giuliano. Ela conta que seu filho único cortava cebola, picava temperos e ajudava a preparar a massa com a mesma animação com que seus colegas jogavam futebol. Giuliano brincava na cozinha, estivesse a família em Nova York, onde ele nasceu, ou em Bolonha, onde passou parte da infância acompanhando o trabalho dos pais na escola de culinária de Marcella. Aos 17 anos, Giuliano virou assistente da mãe e por anos trabalhou com ela até seguir a própria carreira. Hoje dá aulas pelos Estados Unidos e mantém uma escola-hotel no norte da Itália, onde os alunos passam temporadas entre o fogão, as visitas aos fornecedores e os prazeres gastronômicos da região. De quebra, cuida da escola da mãe, que morreu em 2013.

Giuliano publicou seis livros, todos *best-sellers*. O primeiro é o meu favorito; foi onde conheci a receita do molho cremoso de limão-siciliano. Na minha versão, aumentei a quantidade de limão e de manteiga da fórmula, que, aliás, é bem comum na Itália e não por acaso: é maravilhosa, além de fácil e muito rápida.

FETTUCCINE AO CREME DE LIMÃO-SICILIANO

500 g (1 pacote) de fettuccine

4 litros de água

20 g (2 colheres de sopa) de sal mais a gosto para temperar

60 g (¼ de tablete mais 1 colher de sopa) de manteiga sem sal

60 ml (¼ de xícara) de suco de limão-siciliano espremido na hora

Raspas de 1 limão-siciliano (só as partes amarelas)

250 ml (1 xícara bem cheia) de creme de leite fresco

Pimenta-do-reino branca moída na hora a gosto

50 g (½ xícara) de queijo Parmigiano Reggiano ralado na hora

[4 porções]

1. Cozinhe a massa em água fervente com duas colheres de sopa de sal até ficar al dente, ou seja, macia mas firme.

2. Em uma frigideira, coloque a manteiga, o suco e as raspas de limão. Quando a manteiga tiver derretido, deixe borbulhar por 30 segundos.

3. Junte o creme de leite na frigideira. Cozinhe, mexendo bem, até o creme se reduzir à metade. Tempere com sal e pimenta, tire do fogo e reserve. Volte a aquecer antes de escorrer a massa.

4. Quando a massa estiver al dente, escorra e transfira para a panela com o molho. Cozinhe em fogo médio, mexendo por 30 segundos, até envolver bem a massa com o molho. Desligue o fogo.

5. Rale queijo por cima da massa e transfira-a para uma vasilha grande. Sirva quente.

PARA NÃO ERRAR

» Use apenas as partes amarelas do limão. Se por acaso ralar também a parte branca, não hesite: jogue fora e comece de novo. A parte branca amarga o molho.

» Se preferir, use limão-taiti, também dá certo. Mas cuidado com a parte branca da casca.

» Use creme de leite fresco. Se não tiver, escolha outra receita.

» Depois de fazer tudo direitinho, não vale estragar na hora de colocar o queijo: escolha um bom parmesão e rale na hora.

O XIS DO TOMATE

Toda vez que faço molho de tomate me lembro do Laurent Suaudeau. Tenho plena consciência do absurdo que é associar o nome de um chef francês do porte dele a uma coisa simples como molho de tomate, que ainda por cima é italiano. Ele é o cara da mousseline de mandioquinha com caviar, do royale de ouriço com emulsão de coentro, do creme de aipim com maracujá… Da cozinha francesa refinada, técnica.

Laurent é um dos grandes. É o sujeito que liga para o Joel Röbuchon, "o chef dos chefs do século XX", convidando-o para presidir o júri de um concurso de jovens cozinheiros do outro lado do Atlântico, e eis que *monsieur* Röbuchon veste seu jaleco preto bem cortado e desembarca na Escola da Arte Culinária Laurent fazendo elogios ao amigo, bem alto, para jornalista nenhum deixar de ouvir.

Pois foi justamente esse grande chef que me ensinou a tirar a pele e as sementes de tomate muitos e muitos anos atrás. "Você faz um xis na extremidade do tomate, põe na água fervendo por 1 ou 2 minutos apenas, até que a pele vire. Não é para cozinhar o tomate." Ele ia falando enquanto fazia a mise en place da receita que iríamos fotografar para uma reportagem da *Revista Gula*. Laurent escorreu os tomates, passou na água fria e puxou a pele, que saiu inteirinha, de uma vez, sem machucar a superfície. Até aí, nenhum grande truque. E foi então que ele cortou os tomates ao meio à moda francesa (o corte é vertical) e afundou o dedão, empurrando as sementes, que saíram de uma vez. *Voilà*. Num minuto o tomate estava sem pele, sem sementes. E ele o cortou em cubinhos milimétricos, que os franceses chamam de concassé.

Fazer uma reportagem com o Laurent é sempre uma lição – a gente aprende técnicas, truques. Mas é um privilégio cada vez mais raro. Ele cansou de aparecer, de cozinhar para fotos, de participar de eventos. Fica mais concentrado na formação de seus alunos e nas consultorias e palestras. Quando abriu sua escola, em 2000, não sossegava. Uma vez me ligou: "Vou fazer um concurso de receitas de bacalhau entre os alunos, venha ser do júri". O Laurent chamava, eu ia. Dessa vez era uma promoção de importadores de bacalhau da Noruega, pelo que me lembro. E lá fomos, Nina Horta, Arnaldo Lorençato e eu. Passamos o dia inteiro na sala da escola com ares de palácio francês, comendo bacalhau salgado e disfarçando, porque o Laurent era bravíssimo, iria matar os alunos assim que soubesse que não tinham dessalgado direito.

Outra vez, me pôs no júri do concurso da Fispal (Feira para a Indústria de Alimentos e Bebidas). O negócio ali era mais solene; os jurados se enfileiravam numa longa bancada de toalha branca, com os concorrentes estressadíssimos cozinhando contra o relógio. Os garçons traziam os pratos ao mesmo tempo e era um tal de olhar, cheirar, desmanchar, mastigar. E o público olhando a gente comer. Dava vergonha, mas o Laurent tinha chamado…

Rígido, exigente, técnico, Laurent formou muitos dos chefs que estão por aí. A lista de cozinheiros que o chamam de mestre é grande e inclui gente talentosa, como o Jefferson Rueda, o Paulo Barros, o Rodrigo Martins, o Naim, e também o falecido Russo, que foi sous-chef dele por anos.

Mas não é só isso. Laurent Suaudeau e Claude Troisgros (que chegaram quase juntos ao país, em 1985) mudaram a gastronomia brasileira para sempre. Ambos ex-cozinheiros de Paul Bocuse, em épocas diferentes, eles vieram para trabalhar na cozinha de dois hotéis no Rio. Laurent foi enviado pelo Bocuse; Claude, por Gastón Lenôtre. Olharam atentamente – e pela primeira vez – para os ingredientes brasileiros, combinaram as coisas daqui com as técnicas de lá e fizeram história. Cada um com seu estilo.

Quanto ao molho de tomate, não tenho a menor ideia de como é a receita do Laurent. Mas sempre que preparo molho de tomate me lembro dele. Tenho dois molhos de tomate preferidos: o primeiro é de preparação rápida, feito com alho e azeite, ao estilo do sul da Itália; e o outro, popular no resto do país, leva cebola e manteiga, passa 40 minutos na panela e foi celebrizado pela Marcella Hazan, a grande dama da cozinha italiana nos Estados Unidos (e por isso passou a ser conhecido como o molho de tomate da Marcella). Fiz uma única adaptação a esse clássico italiano: não descarto a cebola. Acho um desperdício dispensar uma cebola que dividiu a panela por longo período com a manteiga e os tomates... Em vez disso, bato a cebola com os tomates no liquidificador, transformando o molho num creme saborosíssimo.

A decisão de usar um molho ou outro é simples, depende do tempo disponível e do clima. Nos dias quentes, ou quando estou com pressa, faço o molho rapidinho, com azeite e alho – uma receita inspirada na de Giuliano Hazan, porém bastante suavizada no alho. Quando esfria, preparo o de cocção lenta, com manteiga e cebola. O maior trabalho, nos dois casos, é tirar a pele e as sementes dos tomates. Mas com a dica do Laurent, fica fácil.

ESPAGUETE COM MOLHO RÁPIDO DE TOMATE, ALHO E AZEITE

500 g (1 pacote) de espaguete

4 litros de água

20 g (2 colheres de sopa) de sal mais a gosto para temperar

1 kg de tomates maduros

160 ml (⅔ de xícara) de azeite extravirgem

1 dente de alho descascado e bem picado

Pimenta-do-reino moída na hora a gosto

8 a 10 folhas de manjericão fresco

[4 porções]

1. Cozinhe o espaguete em água fervente com duas colheres de sopa de sal até que esteja al dente, ou seja, macio, mas ainda firme. Escorra e reserve.

2. Tire a pele e as sementes dos tomates e corte-os em lâminas grossas.

3. Ponha o azeite e o alho picado em uma frigideira grande e leve ao fogo médio. Assim que o alho começar a chiar (antes de mudar de cor), acrescente os tomates. Misture e deixe cozinhar por 5 ou 6 minutos.

4. Tempere o molho com sal e pimenta e desligue o fogo.

5. Transfira a massa para a panela com o molho, mexa bem e transfira para a travessa de servir.

6. Espalhe as folhas de manjericão por cima do espaguete e sirva quente.

PARA NÃO ERRAR

» Use tomates bem maduros.
» Ponha o alho na panela com o azeite frio e não deixe o alho pegar cor para não amargar.

PENNE COM O MOLHO DE TOMATE DA MARCELLA HAZAN

(ADAPTADO) Sim, eu sei que é ousadia, mas tenho dó de jogar fora a cebola...

900 g de tomates bem maduros

70 g (⅓ de tablete) de manteiga

1 cebola média

20 g (2 colheres de sopa) de sal mais a gosto para temperar

500 g (1 pacote) de penne

4 litros de água

Queijo Parmigiano Reggiano ralado na hora a gosto

[4 porções]

1. Tire a pele e as sementes dos tomates e ponha-os em uma panela funda. Junte o pedaço inteiro da manteiga.

2. Descasque a cebola e corte-a ao meio. Ponha na panela com os tomates e a manteiga.

3. Cozinhe em fogo baixo, sem tampar a panela, mexendo de vez em quando para não grudar no fundo. Vá apertando os tomates com as costas de uma colher de pau, para desmanchar os pedaços.

4. Tempere o molho com sal a gosto.

5. Tire do fogo, transfira para o liquidificador e bata vigorosamente. Em seguida, devolva o molho à panela.

6. Cozinhe a massa em água fervente com duas colheres de sopa de sal até que esteja al dente, ou seja, macia, mas firme. Escorra.

7. Aqueça o molho e misture-o à massa recém-escorrida.

8. Tempere com pimenta moída na hora e sirva quente, com queijo ralado à parte.

PARA NÃO ERRAR

» Na receita da Marcella Hazan, ela permite usar tomates pelados em lata com o suco (2 latas), mas não fica tão bom... Use os tomates mais maduros que conseguir.

» Faça duas medidas de molho a cada vez. Use uma na hora e mantenha a outra em um pote bem vedado na geladeira, para usar em um momento de "emergência" (dura uma semana), ou então guarde no freezer.

SIMPLES ASSIM

Não conheço uma receita de manteiga de sálvia melhor e mais fácil de fazer que esta da Ana Soares. Tudo frio, é só picar, misturar, temperar. Não precisa fritar as folhas, não precisa esperar a manteiga escurecer, tomando cuidado para não queimar. É suave, leve. Fica espetacular com espaguetini, cabelo de anjo ou talharim (sua delicadeza exige massas fininhas). É só pôr a manteiga já aromatizada na frigideira, deixar derreter, misturar a massa, ralar um bom parmesão por cima e está pronto um clássico.

Aprendi a prepará-la quando a Aninha ainda nem era famosa (e eu já sonhava em escrever sobre comida, mas era repórter especializada em meio ambiente). Ela tinha aberto o Mesa III em 1995 e vendia suas massas apenas para restaurantes. Fazia massas de diferentes formatos e as recheava, algumas com umas combinações ousadas, outras mais comportadas. Hoje muita gente na cidade faz massas artesanais com ingredientes de qualidade, alguns até com as receitas da própria Ana, que dá consultoria e já montou dezenas de cardápios. O Mesa III mudou o padrão de massas em São Paulo. Não quero ser injusta com a lasanha de funghi da Paola di Verona, nos tempos do primeiro endereço da Barão de Capanema, nem com o In Città, na Oscar Freire (eu vivia lá, levando os "pirex" para elas montarem o *rotolo di mozzarella*).

Mas a Aninha é ousada, perfeccionista, está sempre inventando. É uma usina de ideias. Quando a gente imagina que ela não tem mais o que criar, ela tira da manga do jaleco moderninho a coleção de massa brasileiras, aromatizadas com bobó, cominho, urucum, pequi, couve, erva-mate... Uma vez, para mostrar que pesto não é só receita, é método (em italiano, *pestare* quer dizer "pilar"), ela pegou o pilão e fez vinte pestos de uma tacada só – de porcini com avelãs, de shissô e gergelim, de tomate, de abacate com mostarda de Dijon...

A primeira vez que vi a Ana Soares em ação foi quando aprendi a preparar esta manteiga de sálvia. Fui a um workshop dela, no Boa Mesa, o pioneiro dos eventos gastronômicos da cidade, que reunia chefs importantes daqui e de outras partes, incluindo os estrangeiros (quem fazia a tradução das aulas em francês era a Wilma Kövesi, que, aliás, não perdia a chance de dar uma melhorada nas explicações!). Nos primeiros anos, a curadoria era do Josimar Melo; depois ele vendeu o evento, o negócio cresceu muito e durou pouco.

Baixinha, magrinha e de óculos, Aninha zanzava entre as bancadas de inox e ia ajudando a gente a apertar a massa, acertar a proporção entre a pasta e o recheio dos cappellaci de carne assada com pimenta. Lá pelas tantas, ela pôs uma folha de salsinha sobre uma tira grossa de massa e passou no cilindro várias vezes. Achei aquela massa decorada a coisa mais linda.

Aninha cresceu no pastifício do pai. Mas relutou: só depois de estudar arquitetura é que resolveu colocar a mão na massa. Por dois anos forneceu apenas para restaurantes e em 1997 abriu para o público. Primeiro, o Mesa III tinha um balcão meio tímido, anexo à masseria. Logo o lugar virou uma rotisseria concorrida e ela colocou também umas tortas, uns doces. Pegou encomendas. O cardápio foi crescendo e em 2012 ela abriu uma loja de dar gosto, com todos os pacotes de massas secas, as geladeiras repletas de massas recheadas, os potes de molho, as conservas, o balcão de assados, tortas – duro é conter a empolgação ali!

CABELO DE ANJO COM MANTEIGA DE SÁLVIA

200 g (1 tablete) de manteiga

15 a 20 folhas de sálvia

20 g (2 colheres de sopa) de sal mais 1 pitada

1 pitada de noz-moscada

5 ml (1 colher de chá) de azeite extravirgem

500 g (1 pacote) de cabelo de anjo (ou espaguetini)

4 litros de água

Queijo parmesão ralado a gosto

[8 porções]

1. Deixe a manteiga amolecer em temperatura ambiente.

2. Lave e seque bem as folhas de sálvia. Quando estiverem bem secas, pique-as bem miudinhas, o mais fino que conseguir.

3. Em uma tigela, misture a sálvia e a manteiga, amassando com a ajuda de um garfo. Tempere com uma pitada de sal e de noz-moscada.

4. Ponha metade da manteiga, com um fio de azeite, em uma frigideira grande que comporte toda a massa cozida, deixe derreter e desligue o fogo. Reserve.

5. Cozinhe a massa em água fervente com duas colheres de sopa de sal. Quando estiver cozida, escorra.

6. Aqueça novamente a manteiga e acrescente a massa na frigideira, misturando bem.

7. Transfira a massa para o prato de servir. Salpique queijo ralado a gosto e sirva quente.

8. Ponha a metade restante da manteiga de sálvia em um filme plástico, enrole, fazendo um cilindro, feche as pontas e guarde no freezer para utilizar depois.

PARA NÃO ERRAR

» Deixe a manteiga em temperatura ambiente até virar quase uma pomada.
» Escolha folhas de sálvia frescas, lave-as e seque bem antes de usar.
» A manteiga dura pelo menos 1 mês no freezer. Antes de guardar, é melhor colocar uma etiqueta com a data.

VARIAÇÃO

» Corte a manteiga congelada em rodelinhas, espere amolecer e sirva com torradas, como aperitivo, ou sobre um bife. Também fica ótima sobre filé de peixe cozido no vapor.

O PRATO DE QUINTA

Tenho uma teoria em relação aos nhoques de semolina, que na Itália são conhecidos como *gnocchi alla romana*: quem não gosta é porque nunca comeu bem feitos. Se não fossem bons e muito populares, os romanos não fariam questão de repetir o prato toda quinta-feira. E nem adianta achar que viraram o prato do dia porque são fáceis ou rápidos. Não são. A receita não apresenta nenhuma dificuldade, porém dá um pouquinho de trabalho, porque tem três etapas obrigatórias.

Primeiro, a gente precisa fazer uma espécie de polenta, só que cozinhando no leite a semolina, que é um produto do trigo em moagem mais grossa. Depois, é preciso espalhar a massa sobre uma assadeira, nivelar, alisar e esperar esfriar antes de cortar. Por fim, os nhoques vão ao forno com manteiga aromatizada e queijo. São tão delicados e elegantes que valem o trabalho. O único segredo para construir o sabor é temperar bem o leite, pois, se essa base não estiver saborosa, os nhoques ficam sem graça.

NHOQUE DE SEMOLINA

1 cebola

2 folhas de louro

6 cravos-da-índia

5 ramos de tomilho

5 folhas de sálvia

5 galhos de salsinha

6 talos de cebolinha-francesa (ciboulette)

1 dente de alho

6 grãos de pimenta-do-reino branca

150 g (¾ de tablete) de manteiga sem sal e mais um pouco para untar o refratário

Sal a gosto

1 litro de leite integral

240 g (2 xícaras) de semolina fina

4 gemas

Pimenta-do-reino branca moída na hora a gosto

100 g (1 xícara) de queijo parmesão ralado grosso

[4 porções]

1. Descasque a cebola e corte-a ao meio no sentido do comprimento. Ponha uma folha de louro em cada metade e prenda, espetando três cravos da índia em cada cebola (essa preparação é chamada de cebola piqué).

2. Ponha metade das ervas, o alho inteiro sem casca e os grãos de pimenta em um difusor de chá (se preferir, envolva-os em um pano fininho e amarre, fazendo um sachê). Reserve.

3. Pique as ervas restantes e misture com a manteiga. Tempere com sal e reserve.

4. Despeje o leite em uma panela de tamanho médio, ponha a cebola piqué, o sachê aromático e o sal e leve ao fogo. Quando ferver, tire do fogo e reserve em infusão, sem tirar os temperos, por 15 minutos.

5. Tire os temperos, devolva o leite temperado ao fogo e, quando ferver, vá despejando a semolina, em chuva, aos poucos, usando uma peneira para não fazer grumos na massa. Vá mexendo bem para misturar.

6. Deixe cozinhar até que solte bem do fundo da panela e então tire do fogo. Acrescente as gemas, o sal e a pimenta-do-reino moída. Misture bem.

7. Despeje a massa em uma assadeira de fundo liso (não precisa untar), distribuindo por igual. Espalhe com uma espátula e aperte para deixar com espessura de mais ou menos 1 cm. Espere esfriar.

8. Corte a massa com um aro de metal e ponha-a em um refratário untado com manteiga.

9. Distribua a manteiga de ervas sobre os nhoques e polvilhe queijo parmesão ralado.

10. Preaqueça o forno a 220 °C e asse os nhoques por aproximadamente 10 minutos. Sirva quente.

VARIAÇÃO

» Esse nhoque vai bem com molho de tomate ou creme de queijos.

PARA NÃO ERRAR

» Capriche na aromatização do leite: prove e, se for o caso, aumente as quantidades de temperos da receita.

» Você pode fazer a massa na véspera e guardar na geladeira, em um refratário coberto por filme plástico. No dia seguinte, é só deixar em temperatura ambiente, colocar a manteiga aromatizada e levar ao forno.

GRÃOS

RECONCILIAÇÃO

Esta receita promoveu minha reconciliação com o risoto. Adorar o prato e saber que ele é um dos grandes da cozinha italiana não facilitava a preparação, era sempre um risco, e o resultado, incerto: o arroz ficava cru; ou quase um purê, grudento; faltava caldo, sobrava caldo... Dava um trabalhão, mexendo, mexendo, sem poder sair de perto da panela. Se tivesse um convidado, então, era a maior tensão. Acabei deixando de lado esse ícone da refinada culinária lombardo-piemontesa. Até que o Maurício Lopes, professor de habilidades básicas na pós-graduação da Anhembi-Morumbi, eliminou os meus traumas logo no começo do curso.

Primeiro, não precisa mexer o tempo todo. "Você não tem mais nada pra fazer?", ele provocava bem alto, para todo mundo ouvir. E, quando a gente perguntava se não ia grudar, ele explicava: "Não. Põe um pouco de caldo, dá uma mexida e deixa cozinhar uns minutos. Não é para sair da cozinha, mas não precisa mexer o tempo todo, isso atrapalha o cozimento. Só tem de mexer sem parar mais para o final, senão ele gruda, sim". Se quisesse irritar o cara, era só dar umas batidinhas com a colher na panela cada vez que colocava o caldo e mexia o risoto!

Outra lição fundamental: pôr o caldo fervendo e em pequena quantidade, uma concha ou duas, no máximo, de cada vez. "Desse jeito você vai controlando." Cozimento longo? O tempo varia conforme a quantidade e o tipo de arroz, mas o preparo do risoto para quatro pessoas leva uns 20 minutos, em fogo médio. Tempero? Sal e pimenta-do-reino moída na hora, mas só no fim do preparo, momentos antes de desligar o fogo. Por último, uma colher cheia de manteiga e uma boa mexida. "Tampe a panela e deixe descansar uns 3 ou 4 minutos antes de servir." Nunca mais errei.

É fácil reconhecer um bom risoto: os grãos são firmes, mas cozidos (arroz duro está cru, tão errado quanto o arroz excessivamente cozido, mole, papa). E, no conjunto, os grãos ficam ligados, numa preparação cremosa, resultado da ação do amido que se desprende lentamente durante o cozimento. Com um pouquinho de prática, a gente sente na mão o momento em que o arroz vira um conjunto cremoso de grãos. Sinal de que está pronto – o ponto exato, dizem os italianos, é quando o último pedacinho interno, no centro do grão, está para amolecer. Tem gente que tira antes, especialmente nos restaurantes, achando que está al dente, com receio de que passe do ponto... e o arroz chega com o centro duro.

Usar o arroz italiano, das variedades com mais amido, não é frescura, é condição para que o prato dê certo. O arbório é mais delicado e exigente, requer mais atenção; o carnaroli encara uns errinhos, até, e por isso é o preferido pelos restaurantes.

A receita varia, mas a técnica de preparo é sempre a mesma: uma gordura, cebola, arroz, vinho branco ou tinto, caldo. Este risoto de linguiça toscana, vinho tinto e agrião – especialidade do Maurício Lopes – começa com manteiga e cebola, em seguida o recheio da linguiça picadinho vai para a panela para uma fritada e só depois entra o arroz, para ser refogado por 2 ou 3 minutos, e então o vinho tinto, antes do caldo. Não tem erro. Se for feito com caldo de carne caseiro, então, fica espetacular. E, para finalizar, um punhado de folhas de miniagrião fresco.

Sempre que preparo esse prato me lembro do Maurício, que, aliás, foi mestre de muitos chefs famosos da cidade – como do Rodrigo Oliveira, dos restaurantes Mocotó, Esquina Mocotó e Balaio. O curioso é que, no primeiro dia de aula, a gente pensa que vai odiar aquele cara com olhos de lince para aventais mal amarrados e unhas compridas, e que faz você sair da cozinha para tirar o brinco (o meu era um brinquinho muito discreto, que nunca saía da orelha), manda para fora a colega com esmalte na unha e, logo na chegada, avisa aos moços que na próxima aula quem estiver de barba não entra. E este é só o começo. Nas sete horas corridas de aula na cozinha, de pé, ninguém está autorizado a se encostar nas bancadas. Sentar então... E ai de quem não tornear direito a cenoura, ou fizer cubinhos de cebola "sem padrão". Ele manda jogar fora e começar de novo. Parece a descrição de um monstro, de uma aula no inferno, mas, longe disso, o Maurício é um dos professores mais queridos da faculdade e termina o curso amigo de todo mundo. Ah, e quem foi aluno dele sabe pegar a faca direito, fazer tomate concassé ou legumes em mirepoix. E não passa de ano quem não souber de cabeça como preparar um fundo de carne claro ou escuro, os molhos básicos da cozinha ou um court-bouillon (aquele líquido saboroso feito de vegetais, ervas aromáticas, vinho branco e água em partes iguais). Não adianta só aprender a fazer, tem de saber a receita de cabeça e em detalhes – tudo isso cai na prova teórica.

RISOTO DE LINGUIÇA TOSCANA

700 ml (3 xícaras de chá) de fundo de carne escuro

50 g (¼ de tablete) de manteiga integral sem sal

25 g (2 e ½ colheres de sopa) de cebola pérola cortada em brunoise (cubinhos bem pequenos)

100 g de recheio de linguiça toscana

120 g (½ xícara bem cheia) de arroz arbório ou carnaroli

60 ml (¼ de xícara) de vinho tinto de boa qualidade

Sal a gosto

Pimenta-do-reino preta moída na hora a gosto

100 g (1 xícara) de queijo parmesão ralado fino

1 punhado de folhas de miniagrião fresco

[2 porções]

1. Em uma panela, aqueça o fundo de carne e mantenha-o quente.

2. Em outra panela grande, que comporte todo o arroz com o caldo, derreta a manteiga e sue a cebola (não é para refogar muito, apenas fazer a cebola murchar).

3. Adicione o recheio da linguiça à panela com a cebola e frite por 2 ou 3 minutos.

4. Ponha o arroz na panela e frite, mexendo sem parar por 4 ou 5 minutos.

5. Adicione o vinho, mexa e deixe evaporar (1 ou 2 minutos).

6. Acrescente duas conchas de caldo fervendo ao arroz, mexa e espere o caldo reduzir. Ponha mais duas conchas, mexa e espere reduzir. Repita esse processo até o arroz estar cozido, mas firme – não deixe o centro duro. Se estiver duro é sinal de que ainda não está cozido, mas fique atento para não passar do ponto e ficar mole demais. O cozimento leva 20 minutos, em média.

7. Antes de desligar o fogo, tempere o risoto com sal e pimenta-do-reino moída na hora.

8. Desligue o fogo, ponha uma colher de manteiga e mexa bem até que ela derreta. Tampe a panela e deixe descansar por 2 minutos.

9. Transfira o risoto para o prato de servir, espalhe queijo ralado e, por cima, as folhas de miniagrião fresco.

PARA NÃO ERRAR

» Não ponha muito líquido (caldo) de uma vez, isto não é uma sopa! Vá pondo uma ou duas conchas de caldo fervente por vez.

» Não precisa mexer o tempo todo. Você põe o caldo, mexe um pouco, deixa cozinhar. Quando o caldo tiver evaporado, põe mais uma ou duas conchas, mexe, deixa cozinhar...E assim vai.

RISOTO DE LIMÃO-SICILIANO

Esta é uma variação do risoto, que fica bem levinho, perfeito para o verão e parceiro ideal de camarão, cavaquinha ou lagosta, apenas levemente cozidos e temperados com azeite, sal e um pouco de pimenta-do-reino branca moída na hora. Entre os risotos de limão que ficaram na minha memória está o que provei uma vez no Fasano, feito pelo Salvatore Loi, e um que vi o Claude Troisgros fazendo na televisão, num de seus primeiros programas – o risoto era acompanhado com cavaquinhas cozidas em court-bouillon... uma delícia. O modo de preparo do arroz é igual ao do risoto com linguiça toscana, mas ele leva vinho branco em vez de tinto e caldo de legumes em vez de caldo de carne. De resto, é exatamente a mesma receita.

700 ml (3 xícaras de chá) de caldo de legumes

60 g (¼ de tablete e mais 1 colher de sopa) de manteiga integral sem sal

Suco e raspas de 1 limão-siciliano bem fresco e mais 1 colher de sopa de raspas (para a finalização)

25 g (2 e ½ colheres de sopa) de cebola pérola cortada em brunoise (cubinhos bem pequenos)

120 g (½ xícara bem cheia) de arroz arbório ou carnaroli

60 ml (¼ de xícara) de vinho branco seco

Sal a gosto

Pimenta-do-reino branca moída na hora a gosto

Queijo parmesão ralado a gosto

[2 porções]

1. Em uma panela, aqueça o caldo de legumes e reserve.

2. Descasque e corte a cebola em cubinhos pequenos.

3. Em outra panela grande, derreta a manteiga com as raspas e o suco de limão, adicione a cebola e refogue até amolecer.

4. Junte o arroz e refogue, mexendo por 2 ou 3 minutos, depois adicione o vinho de uma vez. Mexa bem e deixe cozinhar por mais 1 minuto até evaporar o álcool.

5. Adicione duas conchas de caldo de legumes ao arroz, mexa bem e deixe cozinhar. Vá adicionando o caldo, concha a concha, mexendo sempre que puser o líquido e depois deixando cozinhar por alguns minutos.

6. Comece a mexer sem parar, lentamente, depois de uns 15 minutos de cozimento, para evitar que o arroz grude no fundo da panela. Quando o arroz estiver cozido (macio, mas ainda firme), tempere com sal e pimenta-do-reino moída na hora, e tire a panela do fogo.

7. Misture uma colher de manteiga, as raspas de limão restantes, adicione o queijo ralado, tampe a panela e deixe descansar por 1 ou 2 minutos antes de servir.

VÍTIMAS DO ENTUSIASMO

Meus livros do Yotam Ottolenghi estão horríveis. Tenho a coleção toda, cada um em pior estado que o outro; já nem posso mais guardá-los na estante da sala. Agora eles ficam na cozinha, junto de outros livros sujinhos cheios de papéis, post-its e bilhetes que vou escrevendo para mim mesma para não perder alguma ideia ou combinação que me vem à cabeça.

Plenty e *Ottolenghi: The Cookbook* estão respingados de azeite, água de flor de laranjeira, mel, sumagre, pimenta-de-caiena. *Jerusalém*, na versão em inglês, emprestado pela minha amiga Marcella, ficou guardado na sala e escapou quase ileso até a hora de voltar para a dona, mas não posso dizer o mesmo da versão em português, publicada em 2014, o mais novo da coleção. Bastaram dois almoços com amigos em casa para deixar o livro igualzinho aos outros, se não pior: caiu tahine na página 160, em que está a receita de um incrível quibe aberto coberto pelo molho de gergelim com salsinha e pinoles torrados. Um intenso perfume de cominho exala da receita do mejadra, aquele arroz com lentilhas e cebola frita temperado com cúrcuma, cominho, canela, pimenta...

Os livros são vítimas do meu entusiasmo por eles. E não sem razão. As receitas de Yotam Ottolenghi e de seu sócio Sami Tamimi são vibrantes, convidativas, modernas e quase sempre leves. Têm a cara dos tempos atuais, com muitos legumes, grãos, ervas e temperos que fazem parte da história dos dois. Eles foram criados em Jerusalém – Ottolenghi do lado judaico e Sami Tamimi do lado árabe – e se conheceram em Londres, onde já viveram mais tempo que na cidade em que nasceram, e mantêm cinco casas, entre delis e restaurantes.

Vou me apaixonando pelas receitas alternadamente; às vezes cismo com uma, depois com outra, repito a primeira, descubro uma nova. Mas, toda vez que faço esta paella vegetariana, ela me entusiasma. É como se tivesse acabado de descobrir o prato. É deliciosa, bonita, colorida e fácil de fazer. Usei como base a receita que está no livro *Plenty*, que é uma compilação de receitas publicadas na coluna de Ottolenghi no jornal britânico *The Guardian*. A coluna por alguns anos foi vegetariana e atualmente inclui também pratos com carnes. Vou mudando os vegetais de acordo com a época, com o que tenho em casa ou com o que der vontade. Só não deixo de usar o arroz bomba (senão não é paella), o açafrão, o azeite e o Jerez.

PAELLA VEGGIE

80 ml (⅓ de xícara) de azeite extravirgem

1 cebola picada

2 dentes de alho picados

2 folhas de louro

1,5 g (½ colher de chá) de páprica

3 g (1 colher de chá) de cúrcuma

1,5 g (½ colher de chá) de pimenta-de-caiena

1 pimentão vermelho em conserva, escorrido e fatiado

300 g (1 e ½ xícara de chá) de arroz bomba (especial para paella)

60 ml (¼ de xícara) de Jerez Fino (vinho espanhol fortificado)

20 g (2 colheres de sopa) de açafrão

Sal a gosto

1,2 litro (5 xícaras de chá) de caldo de legumes fervendo

6 cogumelos shiitake

12 tomates-cereja

6 minialcachofras em conserva

6 aspargos frescos

15 ou 20 azeitonas pretas pequenas

80 g (½ xícara) de salsinha

[4 porções]

1. Aqueça o azeite na panela especial para fazer paella (larga e de bordas baixas), ponha as cebolas picadas e refogue por 3 ou 4 minutos.

2. Junte o alho e refogue, mexendo por menos de 1 minuto (não deixe amarelar).

3. Adicione as folhas de louro, a páprica, a cúrcuma e a pimenta-de-caiena. Mexa e depois adicione o pimentão cortado em fatias.

4. Junte o arroz e refogue, mexendo por 3 ou 4 minutos.

5. Em seguida, ponha o Jerez de uma só vez e acrescente o açafrão e o sal. Deixe cozinhar por 1 minuto, junte o caldo de legumes fervente, baixe o fogo e cozinhe sem tampar a panela e sem mexer o arroz por mais 15 minutos (ou até que o líquido tenha secado e o arroz esteja cozido).

6. Corte os shiitakes em fatias e, em outra panela, refogue-os rapidamente no azeite com um pouco de sal.

7. Corte os tomates e as alcachofras ao meio e reserve.

8. Cozinhe os aspargos no vapor até começarem a ficar macios sem perder a crocância (aproximadamente 4 minutos), passe rapidamente na água fria para interromper o cozimento e reserve.

9. Tire a paella do fogo. Prove o sal e ajuste se for necessário, mas sem mexer o arroz. Distribua os tomates, as alcachofras, os aspargos e os shiitakes por cima.

10. Cubra a paella com uma folha de papel-alumínio bem apertada e deixe descansar por 10 minutos.

11. Tire o alumínio, espalhe as azeitonas e a salsinha picada, regue com um fio de azeite e sirva.

PARA NÃO ERRAR

» Use arroz bomba ou outra variedade espanhola especial para paella.

» Não tente substituir o Jcrez por nenhuma outra bebida, perde a graça.

» Atenção à ordem de entrada dos ingredientes! Siga a receita. Alguns deles vão só depois que o prato já estiver pronto.

» Usar uma paella (panela) faz toda diferença na preparação desta receita. Se não tiver uma, recomendo o investimento, pois a receita é tão boa que você vai usar a panela muitas vezes.

PERNIL BÊBADO

Heloisa Bacellar é uma grande cozinheira. Tem receita para todo tipo de ocasião, clima e sotaque – do francês ao caipira – e sabe ensinar. Não por acaso, foi fundadora e sócia por sete anos de uma das primeiras escolas de cozinha de São Paulo, o Atelier Gourmand, e de vez em quando dá uma aula aqui, outra ali. Seus livros *Cozinhando para amigos* e *Entre panelas e tigelas: a aventura continua* viajam bastante comigo para a praia. O outro livro, *Chocolate todo dia*, fica em São Paulo – na minha profissão, se tem uma época para tentar controlar as calorias é nas férias (nunca dá certo, mas sempre parto com essa intenção).

Uma vez, tive problema com uma receita e resolvi ligar para ela. "Aquele suspiro italiano do merengue de morango gelado não dá certo, Helô, tentei várias vezes..." Ela foi conferir. Ligou de volta. "A receita está certa, Patrícia, vem aqui em casa, a gente faz junto." Não precisei ir até lá, ela resolveu meu problema por telefone mesmo e o merengue ficou ótimo (tem de tirar a calda do fogo quando engrossar – não precisa esperar o tempo indicado – e despejar nas claras em neve aos poucos, depois bater até esfriar...). Mas ir à cozinha da Helô é um grande programa.

Na casa dela, a cozinha é maior que a sala de visitas e tem ar de fazenda, com pé-direito alto, aquela geladeira de balcão de padaria antiga bem no centro, panelas penduradas, fôrmas de todo tipo e tamanho espalhadas pelas prateleiras, de cima a baixo. A bela dupla de fogão e coifa está encostada em uma parede; na outra, fica a coleção de canecas – Helô coleciona panelas, utensílios, tigelas, talheres antigos, bandejas de faiança, fôrmas de bolo, fôrmas de empadinhas, rolos de massas de vários materiais e tamanhos... Ela vai fuçando, trazendo das viagens, juntando, pendurando. Na parede oposta ao fogão tem uma mesa de madeira rústica. Tem mesa na sala também, mas sentar naquela cozinha é um privilégio – que há pouco ela estendeu ao público: está dando aulas ali.

Na última vez em que estive lá, deixei um rastro que durou semanas – pipocas escondidas por todos os cantos e um cheiro que custou a sair. Foi antes da moda da pipoca gourmet chegar por aqui. Era a maior novidade nos Estados Unidos, havia uma ou duas marcas apenas. Cismei de testar umas combinações para publicar as melhores no *Paladar* e liguei para a Helô, que é animadíssima, sempre disposta a ajudar nesses testes. Fui ao Mercadão, comprei temperos, especiarias e um saco com dez quilos de milho (dessa vez passei da conta, eu sei, o milho durou séculos...) e fui para a cozinha dela com um fotógrafo. A gente testava em diferentes panelas cada combinação, cada tipo de gordura e tempero, e então comparava. Eu ia fazendo anotações. Passamos o dia estourando pipoca... A melhor? Pipoca com curry, feita na manteiga, em panela de inox. Ficou excelente. "De vez em quando ainda acho alguma pipoca debaixo de algum móvel", ela às vezes brinca, quando a gente se encontra.

Mas uma das minhas receitas favoritas da Helô Bacellar não é de pipoca nem está nos livros. É este arroz com cachaça, pernil e frutas secas que ela fez para uma edição de Natal do *Paladar*. Dá um pouco de trabalho, mas vale a pena. Ninguém precisa esperar o Natal: é ótima pedida para o almoço de domingo em família.

ARROZ DE PERNIL COM CACHAÇA

2 dentes de alho descascados e amassados

Suco de 2 limões-taiti

10 g (1 colher de sopa) de pimenta-do-reino

480 ml (2 xícaras) de cachaça (1 para o arroz, 1 para o pernil)

1 kg de pernil suíno sem osso

4 cebolas grandes

120 ml (½ xícara) de azeite extravirgem

400 g (2 xícaras) de arroz

960 ml (4 xícaras) de água

1 folha de louro

10 g (1 colher de sopa) de sal

25 g (de tablete) de manteiga

200 g (1 xícara) de castanhas-de-caju torradas e salgadas

200 g (1 xícara) de frutas desidratadas: goiaba, abacaxi, manga, papaia, banana, figo, damasco, uva

70 g (½ xícara) de sementes de abóbora torradas e salgadas (opcional)

70 g (½ xícara) de salsinha e cebolinha picadas

[6 a 8 porções]

1. Faça uma pasta de alho misturando-o ao limão, à pimenta e a uma colher de cachaça.

2. Tempere o pernil com a pasta de alho, cubra com papel-alumínio e leve à geladeira por no mínimo 3 horas e no máximo 24 horas.

3. Descasque três cebolas e corte-as em rodelas grandes. Ponha em uma assadeira e regue com bastante azeite.

4. Tire o pernil da geladeira e ponha-o sobre as cebolas na assadeira. Cubra com papel-alumínio.

5. Aqueça o forno a 180 °C e asse o pernil coberto até que esteja macio, desfazendo-se em lascas. Regue de vez em quando.

6. Depois de 2 horas no forno, tire o alumínio e deixe dourar por mais 30 minutos. Tire do forno e espere amornar.

7. Separe o pernil em lascas e reserve.

8. Descasque e pique a cebola restante. Em uma panela grande com azeite, doure a cebola picada até ficar translúcida.

9. Junte o arroz à panela com a cebola e frite, mexendo por 2 minutos. Em seguida, adicione a cachaça. Refogue por 1 minuto, mexendo bem, e junte a água, o louro e o sal. Tampe a panela e cozinhe em fogo baixo por aproximadamente 15 minutos, até que os grãos estejam cozidos e soltinhos.

10. Aqueça a manteiga em uma panela grande que comporte o arroz e o pernil. Ponha as castanhas e as frutas, junte as lascas de pernil e deixe aquecer.

11. Por fim, junte o arroz ainda quente, misture bem e espalhe a salsinha e a cebolinha picadas. Sirva quente.

PARA NÃO ERRAR

» Tempere o pernil com antecedência. A receita sugere deixar no tempero por 3 horas, no mínimo, mas se preferir você pode temperar na véspera.

» Também dá para assar e desfiar o pernil na véspera e finalizar o prato pouco antes de servir.

» Misture as frutas secas no último minuto, só quando desligar o fogo, para não perderem a crocância. As passas de fruta, que já são macias, podem ir para a panela do arroz junto com o pernil.

DO ESPETO PARA A PANELA

Seria exagero dizer que Porto Alegre inteira assa costelas, picanhas e vazios aos domingos no almoço só para poder sobrar carne para fazer um carreteirinho no jantar. Mas o carreteiro de churrasco é uma instituição na cidade – aliás, um clássico gaúcho. Para dizer a verdade, gosto mais dele que do arroz de carreteiro original, feito com charque. É mais delicado – com todo respeito à comida preparada por mascates que circulavam pelo Rio Grande do Sul, no século XIX, em suas carretas puxadas por bois, e que por isso ganharam o apelido de carreteiros. Nas paradas para descanso, eles cozinhavam o arroz com pedaços de charque em panelas de ferro, e assim deram origem ao prato mais emblemático da culinária riograndense. O curioso é que de gaúcho o charque não tem nada: ele foi levado ao Sul por um cearense, o tal de José Pinto Martins, que instalou a primeira fábrica de salga de carne em Pelotas, no fim do século XVIII.

Por muito tempo, achei que o carreteiro de churrasco era receita de família, coisa da minha sogra, dona Teresa. Mas todo mundo faz. Até a Helena Rizzo! A dona do Maní, eleita a melhor chef mulher do mundo pelo ranking *The World's 50 Best Restaurants* em 2014 – aquela que faz o bombom de foie gras, as esferas de feijoada, o nhoque de mandioquinha com dashi de tucupi e tantos outros pratos notáveis e moderníssimos também faz carreteiro com as sobras de churrasco. A chef gaúcha ensinou a receita de família numa aula no Paladar Cozinha do Brasil, que deu junto com o pai, Renato, especialista em churrasco. É claro que o arroz de carreteiro da Helena Rizzo é quase uma obra de arte, com umas fatiazinhas lindas de carne malpassada decorando...

O meu é simples. Aprendi vendo minha sogra fazer. Ela não segue uma receita exata. Vai fazendo, aproveitando o que tem na hora. Tira as carnes que sobram no espeto, espera esfriar bem e corta em cubinhos minúsculos, idênticos. Pica cebola, tomates, separa uns temperos verdes (o que estiver à mão: cebolinha, salsinha, manjerona...). Doura a cebola com um pouco de azeite, põe a carne, aquece, põe os temperos, junta o arroz, refoga bem, põe água fervendo, sal, e espera o arroz cozinhar. Fica uma delícia.

CARRETEIRO DE CHURRASCO

240 g de sobras de carne de churrasco

1 cebola grande

2 tomates grandes

40 g (4 colheres de sopa) de salsinha

40 g (4 colheres de sopa) de cebolinha

20 g (2 colheres de sopa) de manjericão

960 ml (4 xícaras) de água

160 ml (⅓ de xícara ou 10 colheres de sopa) de azeite extravirgem

200 g (1 xícara) de arroz

5 g (½ colher de sopa) de sal (ou a gosto)

1 g (¼ de colher de chá) de pimenta calabresa (ou a gosto)

20 g (2 colheres de sopa) de passata ou purê de tomate

Queijo parmesão ralado (opcional – para acompanhar)

[4 porções]

1. Retire a gordura das sobras de carne de churrasco e corte-as em cubinhos bem pequenos (de 3 mm mais ou menos).

2. Pique a cebola e os tomates (com pele, mas sem as sementes) em cubinhos.

3. Pique as ervas frescas e reserve.

4. Ponha as quatro xícaras de água para ferver e reserve.

5. Em uma caçarola funda, refogue a cebola no azeite até dourar. Junte a cebolinha e os cubos de carne, mexendo até aquecer.

6. Junte o arroz, mexa bem e deixe refogar por 2 minutos, aproximadamente.

7. Acrescente o tomate, a salsinha e o manjericão. Tempere com sal e pimenta e misture bem.

8. Acrescente o purê de tomate, mexa mais um pouco e ponha a água fervendo. Tampe a panela e cozinhe por 15 minutos ou até o arroz estar macio.

9. Desligue o fogo e transfira o arroz para uma travessa comum de servir ou para pratos individuais. Se quiser, decore com mais salsinha e acompanhe com parmesão ralado.

PARA NÃO ERRAR

» Espere as sobras de churrasco esfriarem antes de cortar em cubinhos.
» Cuidado com o sal na água do arroz, lembre-se de que as carnes já foram salgadas no churrasco.

CONVERTIDA POR UMA COLHERADA

Vi o Erick Jacquin preparando este prato uma vez que entrei na cozinha do Café Antique para fazer uma reportagem. Ele tirou as lentilhas verdes de Puy já cozidas do freezer, jogou numa frigideira com cebola e bacon, pôs um pouco de vinho branco, com aquela displicência de craque, deixou cozinhar por uns 3 ou 4 minutos e chacoalhou, fazendo as lentilhas pularem (parece difícil, mas é só treinar: inclinar a frigideira levemente para baixo e mexer para frente e para trás com rapidez). Antes de tirar do fogo, temperou com sal, pimenta, salsinha picada, um toque de limão e me deu um pouco para provar – aquela colherada mudou para sempre minha relação com as lentilhas!

O Café Antique pertencia ao casal Nancy Mattos e Francisco Barroso (que mais tarde abriu também o Le Vin). Era um lugar elegante, com toalhas de linho branco, talheres de prata e taças de cristal, que servia alta gastronomia francesa, instalado no espaço de um antigo antiquário, na Haddock Lobo. Durou pouco mais de seis anos, de 1999 a 2005. Na época em que o visitei, ele estava no auge, sob o comando de seu chef francês tão talentoso quanto temperamental.

Erick Jacquin desembarcou no Brasil em 1995 para trabalhar no Le Coq Hardy. Ele vinha do Au Comte de Gascogne, em Paris, um restaurante famoso pelo foie gras, e chegou por aqui como especialista na iguaria (que não come!). Craque também no tartare, entre tantos outros pratos, foi Jacquin quem apresentou o petit gâteau aos brasileiros, o bolinho de chocolate mal assado, cujo interior escorre à primeira garfada – e que hoje é servido de norte a sul do país, em sabores que variam do tradicional chocolate ao doce de leite, ao limão-siciliano, entre outros.

Jacquin é uma figura ímpar e parte de suas peculiaridades se tornaram públicas no *reality show Master Chef Brasil*, em que, desde 2014, desempenha ótimo papel como jurado: firme, irônico e com boa dose de humor. Na cozinha, entretanto, muitas vezes é mais duro e temido que divertido. E não era raro ouvir no salão seus gritos lá do fogão.

Jacquin saiu do Café Antique para abrir uma brasserie com seu nome, em Higienópolis. Fez sucesso, ganhou prêmios, e a clientela famosa incluía o ex-presidente Fernando Henrique Cardoso, morador do bairro. Com o tempo e os preços altos, a Brasserie Erick Jacquin perdeu o viço, acompanhou os altos e baixos do chef, mudou de endereço e acabou fechando. Antes disso, Jacquin fez parceria com uma casa especializada em tartare, no Alto de Pinheiros, que recuperou o movimento depois de sua participação no *Master Chef*. Nunca mais comi a lentilha feita por ele – que, aliás, não estava no cardápio. O chef preparou o prato como um mimo para uma mesa de gourmets que estavam fazendo uma degustação de vinhos ali na hora do almoço. Dei sorte.

LENTILHAS COM BACON

240 g (2 xícaras) de lentilhas du Puy

1,4 litro (6 xícaras) de água

10 g (1 colher de sopa) de sal e mais a gosto para temperar

150 g de bacon cortado em cubos pequenos

32 ml (2 colheres de sopa) de azeite extravirgem

1 cebola média cortada em cubos pequenos

Pimenta-do-reino moída na hora a gosto

120 ml (½ xícara) de vinho branco seco

70 g (½ xícara) de salsinha bem picada

[4 porções]

1. Cozinhe as lentilhas em água fervente com uma colher de sopa de sal por aproximadamente 20 minutos. Cuidado para não cozinhar demais: tire do fogo quando estiverem macias, mas ainda bem firmes. Escorra em água fria para estancar o cozimento e reserve-as em uma peneira até a hora de usar.

2. Em uma frigideira grande, refogue o bacon com o azeite, sem deixar endurecer.

3. Junte a cebola e refogue até ficar translúcida e amolecer.

4. Acrescente a lentilha cozida e mexa bem para misturar. Tempere com sal e pimenta-do-reino a gosto.

5. Ponha o vinho, mexa e deixe cozinhar por aproximadamente 5 minutos. Adicione a salsinha picada. Tire do fogo e sirva quente.

PARA NÃO ERRAR

» Use lentilhas verdes du Puy, que são bem miudinhas. Elas têm a pele fina, sabor intenso, podem ficar de molho apenas por 1 hora e, além disso, cozinham mais rápido que as lentilhas comuns. O prato fica melhor com elas, mas dá certo também com lentilhas comuns.

» Se quiser, espere as lentilhas esfriarem e congele, para usar outra hora.

» Refogue o bacon com cebola e azeite, mas não deixe fritar. Desligue o fogo quando ele ainda estiver macio.

» Finalize o prato só na hora de servir, para não amolecer e não formar caldo.

O PRATO DA FAMÍLIA

Perfeito para um dia de verão, este camarão com arroz é delicioso, fácil e muito rápido de preparar. Ele é inspirado no prato que por décadas arrastou gente de todos os cantos da cidade para o La Paillote, um restaurante fundado em 1953 no Ipiranga e que, por mais que tentasse emplacar outras sugestões, acabou virando lugar de um prato só. Quem entrava na casa acanhada e de poucas mesas na Avenida Nazaré nem precisava olhar o cardápio: era chegar e pedir os camarões enormes, servidos com manteiga de alho, salsinha e arroz. O prato, que sustentou a fama de ser o mais caro da cidade durante muito tempo, entrou para a história da gastronomia paulistana. Em 2010, os integrantes da quarta geração da família de proprietários fecharam a matriz e abriram uma filial nos Jardins, hoje já fechada.

A história desse camarão lá em casa começou no fim dos anos 1960, quando minha mãe resolveu arriscar prepará-lo. Fez sucesso e ele acabou virando um clássico na família – o tempo passou, saímos de casa e levamos a receita junto. Os três filhos. Com o passar dos anos, fomos aprimorando o prato e espalhando a receita por aí. O caçula, Adriano, recebia os amigos com ele nos tempos em que morava no Havaí. O Marcelo levou para Vitória, onde vive com a família.

Nosso arroz à provençal tem duas diferenças básicas em relação ao do restaurante: os camarões e o arroz são misturados na panela, não à mesa; e é uma versão bem mais leve – o segredo é não deixar o alho dourar e descartar parte dele no meio do processo. Ah, o arroz tem de ficar bem molhadinho, ou seja, deixe para economizar na manteiga em outra receita...

ARROZ COM CAMARÃO À PROVENÇAL

½ cebola

32 ml (2 colheres de sopa) de óleo

200 g (1 xícara) de arroz

480 ml (2 xícaras) de água fervente

Sal a gosto

200 g (1 tablete) de manteiga sem sal em temperatura ambiente

3 dentes de alho inteiros, sem casca e bem picados

12 camarões grandes

70 g (½ xícara) de salsinha fresca bem picada

[2 porções]

1. Descasque a cebola, corte-a em cubinhos e coloque em uma panela com duas colheres de óleo. Refogue até murchar.

2. Adicione o arroz, frite por 2 ou 3 minutos e cubra com água fervente e uma colher de sobremesa de sal. Tampe a panela, abaixe o fogo e cozinhe por 15 minutos. Reserve.

3. Ponha quase toda a manteiga em uma frigideira grande (reserve apenas uma colher de sopa) e, assim que começar a derreter, acrescente o alho. Refogue por no máximo 1 minuto e tire do fogo antes de dourar (se o alho amarelar, descarte e comece tudo de novo).

4. Coe a manteiga e reserve o alho à parte.

5. Leve a frigideira de volta ao fogo, devolva a manteiga coada, aqueça e refogue os camarões por 2 ou 3 minutos (não cozinhe muito para não endurecer).

6. Devolva apenas metade do alho refogado à panela, adicione a colher de manteiga reservada e misture.

7. Acrescente metade da salsinha e mexa bem.

8. Junte o arroz e mexa cuidadosamente, mas misturando bem o arroz com a manteiga e os camarões. Salpique a salsinha restante.

9. Desligue o fogo e sirva na própria frigideira (se ela for bacana) ou transfira para uma travessa de servir.

PARA NÃO ERRAR

» Escolha os maiores camarões que puder (isso faz diferença no gosto e na aparência do prato).
» Refogue os camarões muito rapidamente na manteiga já aromatizada pelo alho, apenas até mudarem de cor. Se cozinharem muito, passam do ponto e endurecem.
» Pique muito bem a salsinha (tipo areia) e não economize na quantidade.

CARNES, AVES E PEIXES

O MELHOR CEVICHE DO MUNDO

É de caso pensado que o peruano Gastón Acurio diz por aí que o ceviche está promovendo uma nova revolução gastronômica, que vai mudar o modo de comer do mundo ocidental, com um papel semelhante ao que o sushi e o sashimi tiveram nos anos 1990. Ele é o grande divulgador da cozinha do Peru; convenceu o governo a transformar a riqueza culinária em atrativo turístico e conseguiu envolver até o Ferran Adrià na empreitada – o catalão foi ao Peru, empolgou-se com o que viu e saiu fazendo propaganda. Num mundo globalizado, é o que basta para colocar uma cozinha ou um chef em evidência e nos rankings gastronômicos.

Gastón Acurio sabe falar, articular políticas e motivar pessoas (ele estudou direito em Madri e foi educado para ser herdeiro político de seu pai, ex-senador e ex-ministro). É marqueteiro e muito esperto, sem dúvida, mas, ao mesmo tempo que construiu um império de quarenta restaurantes em 22 anos (começou em 1994, com a abertura de Astrid y Gastón, em Lima, e até 2016 já contava com quarenta restaurantes em doze países), usou a gastronomia como arma social e concebeu projetos relevantes de inclusão pela cozinha, como formação de cozinheiros e baristas, hortas nas escolas públicas, valorização de pequenos produtores, entre outros. Ok, ele não perde a chance de alardear o império, nem o trabalho social. Faz parte da sua rotina, por exemplo, mostrar Lima aos jornalistas estrangeiros. No meu caso, passou cedo no hotel com um Land Rover blindado e motorista armado e me levou para um tour. Ele é celebridade em Lima: dá autógrafos e é abraçado nas ruas por onde circula, sob a proteção discreta do motorista-segurança.

Falar em revolução cevicheira pode ser exagero, porém o fato é que, se até os anos 1980 não se ouvia falar de ceviche fora do Peru e do Equador – os dois países que disputam sua autoria –, hoje há ceviche pelo mundo todo. A popularização começou nos Estados Unidos, graças a dois chefs: o cubano Douglas Rodriguez, na Flórida, e Nobu Matsuhisa, em Nova York.

Mais que um grande prato, o ceviche é uma técnica que consiste em "cozinhar" peixes e frutos do mar crus apenas pela acidez do limão – os peixes são cortados em cubos e depois temperados com fatias finas de cebola roxa, pimenta vermelha fresca, sal e algumas folhas de coentro. Além da combinação primorosa de sabor, cor e textura, o prato tem outros motivos para virar tendência: é fruto da simplicidade, tão valorizada atualmente, e alia alto teor de proteína e baixo teor de gordura. Bingo.

O curioso é que essa receita tão moderna é uma das mais antigas de que se tem notícia na América. Muito antes da chegada de Colombo, os incas comiam peixe cru com pimenta marinado no suco de uma fruta ácida chamada tumbo. Os espanhóis trouxeram limão e cebola e deram novo contorno ao prato. Bem mais tarde, no século XIX, imigrantes japoneses criaram uma nova versão de ceviche, o tiradito, em que o peixe cru é fatiado feito sashimi em vez de picado e não leva cebola.

Só no Peru há mais de duzentas variedades de ceviche. Mas em nenhum lugar ele é tão bom como na casa de Javier Wong, em Lima. Casa, nesse caso, não é força de expressão: o chef mora na sobreloja de seu restaurante, Chez Wong, num sobrado sem placa instalado num bairro afastado chamado La Victoria. Só recebe para o almoço, com hora marcada e pagamento em dinheiro. Não adianta chegar antes; ninguém come, nem bebe enquanto esse cozinheiro intrigante, filho de um chinês com uma peruana, não desce as escadas e entra no salão apertado usando o indefectível boné branco e os óculos escuros (ele tem um problema nos olhos e não aguenta muita luz). E ele só aparece quando todos os clientes já estão acomodados.

Wong trabalha num pequeno balcão de fórmica (na verdade o balcão é um prolongamento do caixa!) que tem menos de um metro de comprimento. Segue um ritual preciso. O ajudante traz um linguado gigante, inteiro, que foi pescado naquela manhã. O chef apoia o peixe numa tábua, pega uma das quatro facas presas num ímã, abre o peixe, tira os filés, pica – manejando a faca com uma agilidade impressionante – e vai jogando os cubos numa tigela grande de inox. Ninguém fala. Ninguém pisca. Todos observam atentamente os movimentos do cozinheiro.

O ajudante troca a tábua. Wong investe contra as cebolas roxas em golpes rápidos, precisos, e vai fazendo fatias finíssimas. Joga na tigela. Pica um polvo cozido, põe na tigela. Abre os limões, espreme na tigela. Mistura e distribui o ceviche nos pratos que vão para as mesas. Enquanto os clientes comem, num misto de reverência e deleite, o assistente traz outro linguado. Dessa vez Wong faz um tiradito: corta o peixe em fatias, dá uma queimada rápida com maçarico e cobre com uma farta camada de nozes-pecãs moídas, antes de distribuir em pratinhos. Depois ainda faz legumes na panela wok, para encerrar o almoço.

Javier Wong é uma figura esquisita. Tem sessenta e poucos anos, alterna rispidez e gentileza, respostas curtas e frases profundas. Não conversa enquanto cozinha. Quando acaba, pega uma cerveja na geladeira, já descontraído e bem mais simpático. Não importa. O que vale é que o ceviche que ele faz é o melhor ceviche do mundo.

Repetir o prato de Wong é impossível. Mas dá para fazer um ótimo ceviche seguindo duas regras: ingredientes frescos (e isso inclui a cebola, o limão, as folhas de coentro e a pimenta vermelha, além do peixe, é claro) e comer na hora. Comece pelo básico, depois vá inventando.

CEVICHE DE LINGUADO

250 g de linguado limpo em filés

¼ de pimenta dedo-de-moça

¼ de cebola roxa

1 pitada de sal

½ limão-taiti

2 a 6 folhas de coentro

[2 porções]

1. Corte o peixe em cubos de aproximadamente 2 cm usando uma faca bem afiada. Ponha em uma vasilha de vidro ou inox e leve à geladeira.

2. Lave e seque bem a pimenta dedo-de-moça. Abra ao meio no sentido vertical, tire as sementes, separe ¼ da pimenta e corte-a em fatias finas. Reserve.

3. Descasque e fatie a cebola em tiras finas. Reserve.

4. Tire o peixe da geladeira e tempere com sal e limão. Mexa delicadamente para agregar os temperos.

5. Junte a cebola, o coentro e a pimenta dedo-de-moça ao peixe e sirva imediatamente em um pote grande ou distribua em pequenos potinhos ou taças de vidro.

PARA NÃO ERRAR

» Capriche nos ingredientes! O peixe tem de ser de boa qualidade (se não estiver à beira-mar, o peixe congelado vendido em bandejas no supermercado é uma ótima opção, pois geralmente é congelado logo que sai do mar). Descongele e mantenha-o na geladeira até a hora de usar.

» A cebola tem de ser roxa, crocante, cortada em fatias finíssimas, quase transparentes.

» A pimenta dedo-de-moça precisa estar firme e fresca. Guarde o que não usar no preparo do ceviche para outra receita.

» O limão tem de estar firme, perfumado, com a pele lisa e brilhante.

» As folhas de coentro fresco têm de ser verdinhas, vigorosas e sem manchas.

» Prepare o ceviche pouco antes de servir. Se precisar, mantenha na geladeira, mas só por alguns minutos.

"TEM UMAS COISAS QUE VOCÊ PRECISA SABER..."

Fiz esse bacalhau pela primeira vez para o Mário de Almeida e para a Beth. O Mário é um grande gourmet. Quando morou na França como correspondente da *Gazeta Mercantil*, passou duas semanas na cozinha do Le Moulin de Mougins, do chef Roger Vergé, perto de Cannes – numa jogada de marketing, o genro do chef inventou de convidar jornalistas para passar um período na cozinha, fazendo algumas tarefas. E o Mário topou. Conta que nem chegou a ver por ali o dono da casa, ícone da *nouvelle cuisine*; passou o tempo todo "barbeando costeleta de cordeiro e torneando cenoura". Mas na verdade o que fez foi absorver profundamente a cozinha francesa, de técnicas e pontos de cocção ao funcionamento da brigada, passando pelo tratamento dos ingredientes. Desde então é um grande conhecedor, sabe tudo de comida e de vinhos. E divide os conhecimentos com generosidade ímpar.

Quando fui convidada para trabalhar na *Gula*, em 1999, o Mário apareceu lá em casa. Na época, era diretor da *Gazeta Mercantil*, chefe e amigo do Delmo, meu marido, mas eu tinha pouco contato com ele. Avisou que ia lá me explicar umas coisas assim que soube da novidade. Fiquei aflita. "Delmo, nem fui lá conversar ainda, nem sei se vai dar certo..." No começo da noite, chega o Mário, com seu ar de senador romano, o jeito peculiar de mexer os braços quando fala, fechando os olhos, e uma sacola com todas as revistas importadas relevantes de comida e bebida que conseguiu encontrar pela cidade. "Boa notícia, broto. Mas tem umas coisas que você precisa saber", começou (ele chama todo mundo de broto, homem ou mulher, de um jeito simpático). E então me falou de Cordon Bleu, de Carême, Escoffier, da *nouvelle cuisine*, dos irmãos Troisgros, das mulheres dos Troisgros (que cuidavam do salão e das contas da casa)... Depois, foi abrindo as revistas e me explicando: "*Food and Wine* tem ótica masculina, as fotos são mais fechadas, básicas; *Gourmet* tem visão feminina, fotos mais produzidas, cheias de elementos. *Decanter* tem que ler, *Wine Spectator* tem dois bons colunistas, o resto, esquece...".

Para mim, até hoje ele é uma espécie de *ombudsman* querido. De vez em quando aparece um recado meio cifrado no meu celular, sem oi, nem tchau, nem assinatura. "Última página do Paladar hoje é gol. Pendent de restaurantes líderes... Great! Capa poderia ter vendido as duas atrações."

É um privilégio ter o Mário por perto. O problema é que, como ele entende muito de comida, sempre foi um desafio convidá-lo para almoçar ou jantar em casa. E agora a coisa ficou mais difícil, porque ele mudou radicalmente a alimentação, adotou uma dieta super-restritiva, cortou laticínios, carnes e um monte de coisas. Só volta a ser o Mário gourmet uma ou duas vezes por mês. Queria convidá-lo para almoçar e fazer um monte de coisas boas, mas tudo o que ele pudesse comer normalmente. Pedi a lista de proibidos e permitidos e fiquei quebrando a cabeça. Então, preparei este bacalhau, bem delicado, e acompanhei com as caçarolinhas de legumes da página 35 e um cuscuz verde – o cuscuz marroquino com pesto de ervas e cebola caramelizada. Virou o cardápio do Mário.

BACALHAU DO MÁRIO

480 ml (2 xícaras) de vinho branco

480 ml (2 xícaras) de caldo de legumes

1 kg de bacalhau dessalgado em lascas

500 g de batatas (4 ou 5 batatas grandes) cortadas em rodelas

2 cebolas cortadas em rodelas

3 alhos-porós cortados em rodelas

240 ml (1 xícara) de azeite extravirgem

Sal a gosto

Pimenta-do-reino branca a gosto

8 a 10 azeitonas pretas

[4 porções]

1. Leve o vinho e o caldo de legumes para ferver em uma panela grande.

2. Cozinhe o bacalhau nessa mistura de caldo e vinho, rapidamente, por 2 minutos, no máximo. Tire do fogo, escorra, ponha em uma vasilha de inox ou de vidro e faça um banho-maria invertido: coloque gelo em uma bacia e acomode sobre ela a vasilha com o bacalhau. Deixe esfriar.

3. Em outra panela, cozinhe as batatas já cortadas em rodelas em água com sal.

4. Refogue a cebola e o alho-poró em uma frigideira com metade do azeite até amolecerem. Tempere com sal e pimenta, desligue o fogo e reserve.

5. Monte o prato em uma caçarola que possa ir ao forno: faça uma camada com as rodelas de batata, ponha sobre ela uma camada de bacalhau e, por cima, espalhe metade da cebola refogada com alho-poró. Espalhe metade das azeitonas. Repita as camadas na mesma ordem.

6. Regue com o azeite restante e, na hora de servir, leve ao forno a 180 °C por aproximadamente 10 ou 15 minutos para aquecer.

PARA NÃO ERRAR

» Atenção aos pontos de cocção: não cozinhe muito o bacalhau para não endurecer, nem as batatas, para não desmancharem.

» Prepare o banho-maria invertido antes de cozinhar o bacalhau para poder começar a esfriá-lo assim que escorrer. Isso faz diferença na textura do peixe, para que não endureça nem fique borrachudo.

PARDON, FRANÇOIS

François Simon roubou esta receita do Alain Ducasse – confessou tudo no imperdível *Comer é um sentimento*, que saiu no Brasil pela Editora Senac São Paulo em 2006. Não satisfeito em levar com ele o prato que provou no restaurante Louis XV, em Monte Carlo, o crítico mais temido da França ainda teve a ousadia de fazer uns ajustes: mexeu na receita do Ducasse. Na primeira vez, fiz como ele recomendou. Ficou bom. Mas, na segunda, fiz como ele: dei meus próprios pitacos. *Pardon*, François.

Receita é assim: quando muda de mão, de fogão, de país, pede alguns ajustes. Fiz minhas trocas, usei filé de linguado em vez do peixe inteiro (a receita perde o charme, eu sei, mas é mais difícil achar linguado fresquinho em São Paulo) e dobrei os limões, a dose de vinho e tirei o caldo de legumes. E, pelo pouco que vi do François Simon, acho que ele não vai se importar – desde que eu não publique a foto dele com a receita...

O cara é uma figura. Veio ao Brasil em 2009 para o Paladar – Cozinha do Brasil e quase enlouqueceu a organização do evento de tantas exigências que fez para garantir seu anonimato. Mas, depois de trinta anos atuando como o polêmico, mordaz e irreverente crítico de restaurantes do jornal francês *Le Figaro*, o sujeito não era um desconhecido, óbvio, por mais que tenha passado a vida sendo representado por um frango assado (sempre que uma publicação pedia uma foto dele, era essa a imagem que sugeria). No entanto, ele deixou todo mundo tão apavorado com a possibilidade de que fosse reconhecido ou, pior, fotografado, que me vi na delicada situação de negar quando as pessoas suspeitavam que aquele convidado francês era ele. Só não tive coragem de mentir para o Claude Troisgros, mas desconversei quando ele perguntou se o François Simon tinha vindo para o evento ou se era coincidência.

Fizemos nossa parte, *comme il faut*. Só que o sujeito não ajudou. Chamou a atenção com o jeito excêntrico, a permanente dupla de calça branca listrada e blazer azul marinho e a falta de comedimento no uso do perfume, durante os três dias de evento. E quando ia aos restaurantes era ainda pior: no Maní, não passou despercebido, acrescentando ao figurino uma gravata vistosa e levemente brilhante. E, assim que aquele francês de ar estranho entrou no D.O.M., o Alex Atala ligou para a redação para perguntar: "Quem acabou de chegar aqui é quem eu imagino que seja?".

LINGUADO ASSADO COM LIMÃO, MANJERICÃO, PRESUNTO CRU E AZEITONAS

1 kg de linguado
(inteiro ou em filés grossos)

Sal a gosto

Pimenta-do-reino moída na hora a gosto

120 ml (½ xícara) de vinho branco seco

100 g (½ tablete) de manteiga derretida

16 ml (1 colher de sopa) de azeite extravirgem

2 limões-sicilianos

1 maço de manjericão

40 g (4 colheres de sopa) de alcaparras

40 g (4 colheres de sopa) de azeitonas pretas pequenas

30 g de presunto cru

[4 porções]

1. Preaqueça o forno a 220 °C.

2. Lave e seque bem o peixe. Coloque-o em uma panela refratária com tampa (do tipo que pode ir ao forno) e tempere com sal e pimenta-do-reino dos dois lados.

3. Misture o vinho, a manteiga e o azeite e despeje a mistura na panela sobre o linguado.

4. Corte os limões em rodelas e cubra o peixe com elas. Espalhe por cima as folhas de manjericão, as alcaparras e as azeitonas.

5. Leve a panela ao forno por aproximadamente 20 minutos. Verifique o cozimento do peixe de vez em quando.

6. Pique o presunto cru grosseiramente em fatias com as mãos.

7. Tire a panela do forno, espalhe os pedaços de presunto cru por cima do linguado e sirva.

PARA NÃO ERRAR

» Use limões novos e manjericão fresco.
» Escolha azeitonas pretas tipo niçoise, são menos carnudas.
» Não exagere no sal e na pimenta: a receita é leve e deve permanecer assim.
» Se não encontrar linguado inteiro fresco, compre filés altos.
» Tire do forno assim que o peixe estiver cozido. Este peixe não espera, portanto, se ficar passado demais, perde a textura e o frescor. Fique atento.

O MELHOR TACO DO MUNDO

Haja taco! *Al pastor*, com carnita, de chilli e feijão, só com guacamole, com carne de porco e salsa verde, carne moída e queijo cheddar... Tradicional, *tex-mex*, feito com a tortilha industrializada ou com as autênticas de milho nixtamalizado – feitas pela Jerusa Lusinda, que fornece para todos os restaurantes mexicanos de São Paulo... Taco no almoço na praia, numa noite de verão, num domingo de sol...

Gosto de todos e acho que taco é sempre uma festa. Porém nenhum vai desbancar o do Noma, na minha memória. Foi o primeiro prato que provei no restaurante de René Redzepi, em Copenhague, que na época ostentava o título de número um do mundo. Não foram os lagostins vivos ou as batatinhas vintage, nem nenhum outro clássico da casa, mas um simples taco mexicano feito com tortilha comprada pronta e recheios preparados por uma estagiária. Para completar, serviço de bandejão. Sem brincadeira. Mas foi inesquecível.

Ok, posso até admitir que talvez o taco em questão não tivesse nada de excepcional, embora fosse bom – tão bom, aliás, que meses depois a tal estagiária, a mexicana Rosio Sánchez, e o chef abriram juntos uma taqueria que faz sucesso em Copenhague, chamada Hija de Sanchez... Mas isso não vem ao caso.

Na época, o Noma era o restaurante número um do mundo e eu cheguei ali com minha amiga Alexandra Forbes sem a menor intenção de comer. Eram cinco da tarde e tínhamos acabado de sair de um menu-degustação no Amass. Estávamos na cidade para o MAD Food Camp, o congresso de gastronomia organizado pelo chef dinamarquês que começaria no dia seguinte, reunindo os maiores cozinheiros do planeta debaixo de uma lona de circo. Minha viagem foi decidida na última hora (o que não tem sido exatamente uma novidade) e as insistentes tentativas de conseguir uma mesa no Noma tinham fracassado. A cidade estava repleta de gente, todo mundo disputando a reserva mais difícil do planeta. O jeito seria garantir pelo menos uma olhada de perto no lugar. Queria ver o salão com as cadeiras cobertas de pele animal, a vista para o canal, a simplicidade estilosa do ambiente de pé-direito alto e janelões; e, com sorte, dar uma espiada na cozinha. Alexandra tinha um amigo português ali.

A porta da frente já estava fechada. Demos a volta. O acesso pelos fundos estava fervilhando com o entra e sai de cozinheiros atarefados, em seus aventais marrons. Paramos um pouco, observando a agitação ao ar livre, o vaivém de caixas, a recepção de uns moluscos que acabavam de chegar, alguns cozinheiros fumando em rodinhas, o estacionamento de bicicletas...

Havia um hall com uma escada. Dois degraus para baixo, uma porta dava para o salão do restaurante. Escada acima era o caminho para a cozinha de preparação. Subimos. A cena parecia de um filme, com a luz filtrada pelos vidros dos imensos janelões e os cozinheiros trabalhando concentrados em torno de bancadas de inox. Uns descascavam minibatatas – as famosas batatas vintage! –, havia um grupo pelando amêndoas verdes, enquanto duas moças tiravam lindos pães do forno.

Fomos andando de mansinho, torcendo para que a ordem de sair dali tardasse um pouco (quem já entrou numa cozinha sabe que visitas, especialmente sem convite, costumam ser rapidamente encerradas). Mas o pessoal era receptivo. Arrisquei umas fotos, em seguida algumas perguntas, que iam sendo respondidas com diferentes sotaques e igual gentileza. Havia cozinheiros do mundo todo naquela cozinha.

Entre olás e sorrisos, aproveitamos a passagem quando outra porta se abriu. Dava para uma sala grande, uma mistura de escritório, biblioteca, cozinha, canteiro de flores e de ervas. Um lugar lindo, com aquela elegância nórdica despojada que mistura madeira, cinzas e brancos, coroada pela luz difusa que entrava pela janela deixando o ambiente mágico. E, de repente, sobre uma bancada de madeira havia bandejas com tortilhas empilhadas, carnitas, guacamole, queijo cheddar ralado. *Family meal!* Era a hora do jantar da equipe.

Os cozinheiros faziam seus pratos e buscavam lugar em mesas comunitárias ao lado das janelas. Comiam animados, conversando. Ficamos olhando, fotografando, até que o gerente da casa, o australiano James Spreadbury, aproximou-se. Achei que iria nos pedir para sair. Mas, não, ele sorriu e perguntou: "Vocês estão com fome?". E então olhou para Alexandra e a reconheceu – eles haviam se conhecido no MAD no ano anterior. Pegamos os pratos (sem dar pista de que tínhamos levantado da mesa do Amass havia menos de uma hora, depois de um menu-degustação de sete tempos…). Fizemos um taco para dividir (como se fosse por cerimônia…) e fomos para uma mesa comunitária. Sentamos com Rosio, a mexicana. Tinha sempre taco ali? Não, o cardápio muda todo dia, e, como há estagiários e cozinheiros do mundo todo, cada vez um deles prepara a refeição para a equipe. Terminamos o taco, o papo e fomos embora felizes.

Voltei três dias depois, pela porta da frente, para um almoço inesquecível compartilhado com os chefs Rodrigo Oliveira, Janaina Rueda e Julien Mercier, além do empresário de chefs Fábio Moreira e a assessora de imprensa Camila Dias. Meu veredito? Achei o Noma um lugar sem igual. Podia ser o primeiro, o segundo, o terceiro no ranking *The World's 50 Best Restaurants*, não importa – havia duas grandes razões (além de várias pequenas outras) para ir ao restaurante que virou a Meca gastronômica em Copenhague: o clima e o clima. O primeiro determinava a comida, excepcional e impossível de ser replicada em qualquer outro lugar, baseada em produtos locais. O outro, o acolhimento.

O clima não poderia ser mais agradável – desde a chegada, quando o cliente era recebido na porta pelo time do salão, de modo descontraído – até a hora em que os chefs se revezavam para trazer os pratos e explicar o preparo, chamando a atenção para algum detalhe importante.

O outro clima – as estações do ano – determinava o cardápio. Na primavera e no verão, celebravam-se de todas as formas o frescor dos produtos – ervilhas, frutas silvestres, alho-poró, cenoura, flores comestíveis, repolho, todos ganham tratamento nobre na forma de saladas de flores, infusões de frutas vermelhas, molhos delicados. E, quando começava a esfriar, os cozinheiros se preparavam para enfrentar a escassez do inverno, descobrindo maneiras de fazer os produtos durarem até a primavera. Dá-lhe salga, conserva, fermentação, desidratação. É essa preocupação em manter a despensa cheia no inverno que serviu de estímulo para a busca de novas técnicas, novos métodos e equipamentos por ali. Eles não se cansam de inventar, não apenas pela vontade de inovar, mas também pela necessidade de descobrir produtos. Daí, entre outras coisas, o sucesso do lugar.

O menu-degustação – com vinte serviços em média – oferecia uma magnífica sucessão de sabores, cores e texturas, sustentado por um verdadeiro manifesto da gastronomia local, com boa parte dos produtos garimpados por *foragers*, os catadores-coletores. Tudo produzido ou colhido por ali ou bem pertinho. Bem, menos no caso da *family meal…*

O Noma fechou as portas para mudar de endereço e de personalidade no fim de 2016. Ainda não se sabe como será. Mas no lugar onde funcionava está agora o 108, novo restaurante do René Redzepi em parceria com outro chef local, criativo e revolucionário: Kristian Baumann. O 108 não serve menu-degustação, apenas pratos à la carte, a maioria para compartilhar. Deixou de lado a obrigação de "ser local", mas segue sendo um lugar em que a criatividade dá as ordens. Ainda não fui até lá.

(Ah, e vale ressaltar: esses tacos não são os do Noma, são os que faço há anos – modéstia à parte, com sucesso!)

TACOS COM PERNIL E GUACAMOLE

TACOS

4 dentes de alho descascados

Sal a gosto

Pimenta-do-reino moída na hora a gosto

Chillis mexicanos em pó a gosto

500 g de pernil suíno desossado

3 cebolas brancas cortadas em rodelas grossas

480 ml (2 xícaras) de suco de abacaxi fresco (batido no liquidificador com um pouco de água)

2 cebolas roxas cortadas em fatias finas

6 tortilhas de milho

32 ml (2 colheres de sopa) de azeite extravirgem

16 ml (1 colher de sopa) de vinagre

[6 unidades]

GUACAMOLE

2 abacates bem maduros

2 limões-taiti

1 dente de alho descascado e amassado

½ cebola roxa picada em cubos pequenos

Sal a gosto

2 gotas de tabasco

½ pimenta dedo-de-moça fresca, sem sementes e picada

32 ml (2 colheres de sopa) de azeite extravirgem

[4 porções]

1. **PARA OS TACOS:** em um pilão, soque dois dentes de alho com o sal, junte as pimentas e esfregue por toda a superfície do pernil.

2. Corte os outros dois dentes de alho ao meio. Faça quatro pequenas incisões na superfície da carne e ponha nelas as metades de alho.

3. Forre o fundo de uma assadeira com as rodelas de cebola branca. Ponha a carne por cima, regue com o suco de abacaxi e deixe marinar na geladeira por pelo menos 2 horas, protegida por filme plástico.

4. Preaqueça o forno a 180 °C por 10 minutos.

5. Retire da geladeira, cubra o pernil com papel-alumínio e leve ao forno por pelo menos 3 horas, ou até que a carne esteja bem macia. Regue com o suco da assadeira ou com água morna de tempos em tempos, para não deixar a carne secar.

6. Tempere as fatias de cebola roxa com sal, azeite e vinagre e deixe marinar em uma vasilha por pelo menos 2 horas. Sirva à parte.

7. **PARA O GUACAMOLE:** tire a polpa dos abacates com a ajuda de uma colher, ponha em uma vasilha e esmague com um socador de pilão ou com o garfo.

8. Esprema o limão e misture com o abacate. Adicione o alho esmagado e a cebola picada e misture bem. Tempere com sal, tabasco e pimenta dedo-de-moça picada.

9. Sirva o guacamole com totopos, pedaços de tortilha fritos (ou doritos sem sabor), acompanhando o pernil.

PARA NÃO ERRAR

» De preferência, use tortilhas artesanais; mas, na falta destas, valem as industrializadas.
» Prepare o guacamole apenas na hora de servir. Se precisar, deixe na geladeira por no máximo meia hora, em vasilha coberta por filme plástico e com o caroço do abacate na vasilha para retardar a oxidação.

INATINGÍVEL

Não há stracotto como o da Maria Zanchi de Zan. Grande cozinheira, dona Maria nasceu na Ligúria e fez história na gastronomia paulistana. Começou tarde: profissionalizou-se aos 50 anos e abriu o primeiro restaurante em parceria com o marido em 1970. A casa foi batizada com o apelido dele, Carlone. Depois que ficou viúva, dona Maria teve participação em outros restaurantes até abrir o seu, com o próprio nome, em 1991, na Jerônimo da Veiga, no Itaim, depois transferido para a Rua Barão de Capanema, nos Jardins. Dona Maria ficava na cozinha e os dois filhos se dividiam entre o salão e a administração do negócio. Toda noite ela dava uma volta para cumprimentar os clientes, com o cabelo loiro perfeitamente alinhado e o jaleco branco impecável (tão limpinho e passado que só podia trocar antes de sair da cozinha...). Andava devagar e parava para conversar de vez em quando. Mas não gostava de muito papo.

Seus pratos eram sofisticados, perfumados, de sabor sutil. Ela cortava o stracotto em fatias finíssimas e servia espalhando o molho denso, escuro, muito saboroso e brilhante sobre tagliolini verdes feitos na casa e cozidos al dente. E não adiantava pedir a receita, ela não contava de jeito nenhum. Se houvesse muita insistência, ensinava alguma parte. Mas era perda de tempo perguntar de novo para conferir na próxima ida ao restaurante – cada vez ela explicava de um jeito. Arrisquei perguntar a um dos filhos. Ele me disse que o segredo era usar carne de porco. Passei anos tentando diversos cortes de porco e até que saiu um espaguete bem gostoso, servido no molho da carne, ótimo para o inverno; fez bastante sucesso. Mas não chegou nem perto do stracotto dela. Acabei ficando com mania do prato e não deixo passar uma nova receita sem ler atentamente para ver se está ali o grande segredo, quem sabe um ingrediente misterioso.

Uma vez soube que dona Maria daria uma aula na escola que o chef Luiz Cintra tinha aberto em Higienópolis. Corri para reservar um lugar. Ok, não vou mentir: me matriculei na esperança de que ela ensinasse o stracotto... Que nada! Quando o Maria Zanchi de Zan fechou, ela voltou para a Itália, já por volta de 90 anos de idade, e resolveu passar os últimos anos por lá. Não se ouviu mais falar dela por aqui.

STRACOTTO

3 dentes de alho

Sal a gosto

1 kg de filé-mignon suíno (ou lagarto bovino) em um único pedaço

16 ml (1 colher de sopa) de azeite extravirgem

50 ml (3 colheres de sopa) de conhaque

120 g de bacon cortado em cubos

50 g (¼ de tablete) de manteiga sem sal

2 cebolas médias picadas

2 alhos-porós (só a parte branca)

2 cenouras pequenas picadas

4 talos de salsão picados

40 g (4 colheres de sopa) de passata de tomate

2 galhos de alecrim fresco

3 ou 4 galhos de tomilho fresco

1 amarrado de especiarias (bouquet garni): 4 cravos-da-índia, 4 ou 5 bagos de zimbro, 4 ou 5 grãos de pimenta-do-reino preta

375 ml (1 e ½ xícara) de vinho tinto de boa qualidade (sem exageros, é claro!)

500 ml (2 xícaras bem cheias) de caldo de carne

Pimenta-do-reino moída na hora a gosto

[4 porções]

1. Descasque e esmague um dente de alho, misture com uma colher de sopa de sal e esfregue na carne. Se preciso, aumente a quantidade para conseguir esfregar por toda a superfície.

2. Aqueça uma panela grande que tenha tampa, ponha o azeite e doure a carne, virando-a de todos os lados.

3. Acrescente o conhaque e deixe evaporar.

4. Adicione o bacon e a manteiga, dê uma refogada e junte a cebola, o alho-poró, a cenoura e o salsão. Refogue novamente, mexendo bem.

5. Junte a passata de tomate, o alecrim, o tomilho, o amarrado de especiarias e os dois dentes de alho restantes. Acrescente o vinho e deixe cozinhar 2 ou 3 minutos.

6. Adicione metade do caldo de carne e dê uma boa mexida. Abaixe o fogo para o mínimo, tampe a panela e cozinhe por 3 ou 4 horas, adicionando mais caldo (ou água morna) sempre que necessário para manter o líquido na panela.

7. Tire a panela do fogo e espere esfriar. Descarte o tomilho, o alecrim e o amarrado de especiarias. Separe a carne, ponha o molho no liquidificador e bata para formar um creme (se precisar, acrescente um pouco de água, mas cuidado para não deixar muito aguado e fino).

8. Leve a carne e o molho à geladeira e deixe até o dia seguinte.

9. Na hora de servir, despeje o molho na panela para aquecer, prove e ajuste os temperos (sal e pimenta). Se estiver excessivamente espesso, acrescente um pouco mais de caldo de carne ao molho.

10. Retire do fogo e corte a carne em fatias. Recomponha sua forma, deixando as fatias encostadas umas nas outras, e ponha de volta na panela com o molho para servir.

PARA NÃO ERRAR

» Tenha paciência: o ideal é cozinhar a carne em fogo baixo por 3 ou 4 horas. Se fizer questão de agilizar, ponha na panela de pressão e cozinhe por pelo menos 1 hora, abrindo na metade do tempo para colocar mais caldo.

» Deixar a carne e o molho na geladeira de um dia para o outro é o costume na Itália, pois ela pega mais sabor e fica fácil de fatiar.

» A tradição, na Itália, é servir o stracotto com purê de batatas.

VARIAÇÕES

» Use alcatra ou até lagarto, em um pedaço inteiro.

» Use o molho para fazer uma bela massa, acompanhado de fatias de carne. Maria Zanchi servia com tagliolini verdes frescos, mas fica perfeito também com espaguete.

A DEUSA DE RUNATE

Nadia Santini chega à cozinha por volta das dez da manhã. Elegante, vestindo saia preta de pregas, camisa branca impecável, avental longo e mocassim bege. Os cabelos grisalhos lisos em corte chanel contrastam com a pele rosada e o ar jovial. Sorri, doce, cumprimenta a pequena brigada, pega uma panela de cobre, uma concha do brodo da *nonna* e começa a trabalhar, dividindo a atenção entre o preparo de uma peça de porco e a entrevista.

A cena, que se passou em maio de 2007, ficou gravada na minha memória, assim como o perfume delicado que foi tomando conta do ambiente conforme se aproximava a hora do almoço no três estrelas italiano Dal Pescatore. E, algumas horas mais tarde, somaram-se ao perfume os sabores da enguia com fundo cítrico, dos *tortelli di zucca* servidos com mostarda di Cremona, do *agnoli in brodo* e da cassata – uma musse cremosa de ricota com frutas cristalizadas, pistache torrado e calda de chocolate amargo Amedei, a sobremesa mais famosa do restaurante.

Quando alguém quer saber por que foi eleita a melhor cozinheira do mundo pelo ranking dos *World's 50 Best Restaurants*, em 2013, ou por que Paul Bocuse declarou que "Nadia Santini cozinha como uma deusa", ela faz o seguinte comentário: "Não sou a melhor chef do mundo, mas tenho certeza de que Antonio e eu fizemos o melhor restaurante de Runate Canneto sull'Oglio".

Pura modéstia. O vilarejo onde fica o Dal Pescatore, nos arredores de Mantova, na Itália, tem apenas 38 habitantes – 33 se for descontada a família Santini, que vive na elegante sobreloja do restaurante instalado no jardim de uma propriedade de cinco hectares, dentro de um parque ecológico às margens do rio Oglio.

Nadia trabalha com a ajuda de toda a família. Antonio, o marido, recebe os clientes, administra a belíssima adega e o lugar. O filho mais velho, também chamado Antonio, faz os pães e a pasta – com ovos, como manda a tradição local – duas vezes por dia. Aprendeu ajudando a *nonna* Bruna desde menino, e herdou a parte pesada do trabalho dela. A matriarca ainda faz seu famoso brodo, que serve de base para muitos pratos do cardápio.

A cozinha do Dal Pescatore combina tradição e frescor. Patos, gansos, galinhas e galinhas-d'angola são criados ali mesmo. Legumes e verduras crescem na horta da casa. Os peixes vêm do Lago de Garda; o presunto e o *parmigiano*, de Parma, a 50 quilômetros; o vinagre balsâmico é de Modena, ali pertinho. Antonio e Nadia se conheceram na universidade, cursando ciências políticas, e não cogitavam trabalhar no Dal Pescatore até que o pai dele, Giovanni, disse que estava muito orgulhoso de ver seu filho único na faculdade, porém iria vender o restaurante. "Não se vende a casa em que se nasceu", pensaram. E mudaram de vida.

O Dal Pescatore tem apenas oito mesas, recebe de trinta a quarenta pessoas no máximo, mas tem um heliporto. E precisa. Vem gente da Itália toda apenas para almoçar e jantar ali. É impossível repetir o frescor e a qualidade dos ingredientes locais. Mas dá, sim, para aproveitar o jeito de fazer de Nadia Santini.

Esta receita de pernil de vitela é espetacular. A original leva cogumelos porcini frescos, e adaptei como pude, com cogumelos Portobello. Adicionei uns alhos-porós para dar mais sabor na ausência dos porcini e deixei o pernil de cordeiro marinando em vinho branco e Porto, antes de levar à panela.

PERNIL DE CORDEIRO AO FORNO

1 pernil de cordeiro pequeno

Sal a gosto

Pimenta-do-reino moída na hora a gosto

50 ml (3 colheres de sopa) de vinho do Porto

360 ml (1 e ½ xícara) de vinho branco

4 ou 5 galhos de alecrim fresco

4 ou 5 folhas de sálvia

4 ou 5 galhos de orégano fresco

6 cebolas pequenas (echalotas)

2 alhos-porós

1 cenoura grande

2 talos de salsão

80 g (½ tablete menos 2 colheres de sopa) de manteiga

32 ml (2 colheres de sopa) de azeite extravirgem

50 ml (3 colheres de sopa) de conhaque

2 litros de caldo de carne claro

4 cogumelos Portobello grandes

[6 porções]

1. Tempere o pernil com sal e pimenta-do-reino e ponha para marinar com 240 ml (mais ou menos 1 xícara) do vinho branco, o vinho do Porto, alguns ramos de alecrim, sálvia e orégano fresco. Deixe por no mínimo 6 horas (ou até um dia).

2. Descasque as echalotas e corte-as ao meio. Corte o alho-poró em rodelas grossas; descasque a cenoura e corte em rodelas grossas; pique o salsão. Reserve.

3. Ponha a manteiga com o azeite em uma panela grande que comporte o pernil e que possa ir ao forno. Refogue a cebola por 2 ou 3 minutos, em seguida acrescente o salsão, o alho-poró e a cenoura. Adicione alguns ramos de alecrim fresco e folhas de sálvia fresca (não os da marinada!).

4. Tire o pernil da marinada e ponha na panela, virando para pegar cor de todos os lados. Adicione o conhaque e deixe evaporar.

5. Junte a marinada, sem as ervas aromáticas, e o caldo de carne à panela. Tempere com sal e pimenta, tampe a panela e deixe cozinhar em fogo médio, virando o pernil de vez em quando até a carne estar macia.

6. Preaqueça o forno a 180 °C por 10 minutos.

7. Quando a carne estiver macia, transfira a panela para o forno e asse, sem tampar, até dourar a superfície da carne (por mais uma hora, aproximadamente). Nos últimos 20 minutos de forno, corte os cogumelos frescos ao meio e acrescente-os à panela.

8. Antes de servir, ponha um pouco de vinho branco (120 ml ou ½ xícara) no fundo da panela e raspe para transformar a crosta em um molhinho do assado.

PARA NÃO ERRAR

» Escolha um pernil pequeno que caiba na panela grande.

» Use caldo de carne feito em casa, como se deve, começando por assar os ossos.

» Asse o pernil com a panela destampada para dar cor.

SANDUÍCHES

BY APPOINTMENT

Sanduíche de pepino?! Aquele triângulo de pão de fôrma recheado com umas rodelas de pepino e manteiga parecia a coisa mais sem graça do mundo, mas eu estava louca de fome e mordi. Tive a impressão de ouvir o som de uma gaita de fole. Só podia ser *jet lag*; a viagem tinha sido cansativa de São Paulo até Aberdeen. Mordi de novo. Não sou de ouvir coisas, mas a gaita continuava lá. Parecia um comercial antigo do whisky Old Eight, em que o sujeito ouvia a gaita ao primeiro gole. Mas era o cúmulo lembrar do brasileiro Old Eight ali, naquela situação. Eu estava no jardim de um castelo na Escócia, vizinho a Balmoral (*yes indeed*, a residência de verão da família real britânica!), para o lançamento de uma edição especial do Johnny Walker Blue Label. Apenas cinquenta garrafas do whisky chegariam ao Brasil, a preço de ouro, embaladas em caixas azuis forradas de cetim. E a Diageo, dona desta e de quase todas as outras destilarias na Escócia, organizou uma viagem para jornalistas de revistas de gastronomia de diversos países para apresentar o blend em primeira mão, com direito a castelos, noites de gala, Bentleys, Astons Martins, iates, helicópteros – e muito whisky, claro. Lá fui eu, pela *Gula*.

Matei o primeiro sanduíche de pepino e investi contra o segundo. Antes de morder, ouvi duas gaitas. Três. Quatro. De repente, eu estava vendo coisas: uns trinta homens de *kilt* tocando gaita de fole e bumbos com pompons vermelhos na baqueta e entrando pelo jardim do castelo. Era uma festa de boas-vindas à escocesa.

O espetáculo terminou uma hora mais tarde, com os convidados seguindo os músicos até o porão do castelo. Eles deixaram de lado os instrumentos e, enquanto alguém despejava litros de whisky numa bacia de prata, fizeram um círculo e declamaram uma poesia em gaélico, num ritual típico. Foram três garrafas de Black Label de uma vez, na primeira rodada. A bacia era passada de boca em boca e eles seguiam cantando uma canção folclórica, numa animação danada. A gente não podia dar só um gole, tinha de virar a bacia. No fim da festa, aqueles sujeitos ruivos de saia xadrez pareciam nossos amigos de infância, dando risada e contando casos.

Foi assim que o sanduíche clássico da hora do chá em todo o Reino Unido entrou para a minha lista de favoritos. Admito que, se não fosse essa história, ele provavelmente teria passado batido na minha vida. Só que é gostoso, mesmo, de verdade. E deve ser o preferido de Sua Majestade, porque ela faz questão de servir vinte mil deles todo ano na Royal Garden Party, quando abre os jardins do Palácio de Buckingham e convida os súditos para o chá.

E, se a rainha gosta, é bom. Aprendi cedo que nada nem ninguém da família real britânica tem defeitos. Foi aos 18 anos, quando passei um ano estudando em Cambridge, parte do tempo hospedada na casa de Mrs. Brown, que recebia jovens do mundo todo. Depois de alguns dias de convivência, ninguém escapava: a *landlady* chamava para sentar na sala, abria um armário tipo gabinete e tirava os álbuns com fotos de todos os membros da família real, recortadas de revistas. Ela não mostrava fotos dos filhos, da juventude, dos tempos em que o marido, comerciante de whisky, era vivo. Mas tinha registrados a coroação e cada nascimento, casamento e comemoração da vida de cada membro da família real. E achava um jeito de elogiar todos eles.

O problema foi que, sem a menor prática naquele negócio de reverenciar reis e rainhas, retruquei

quando Mrs. Brown falou que Elizabeth II era linda. "Bonita ela não é...", disse. Por semanas, Mrs. Brown só se lembrou de me chamar para o jantar quando o peixe e as batatas já estavam frios. O *fish and chips* dela era bem bom, com fritas crocantes, filé à milanesa grande e sequinho, mas só me lembro dele frio!

O sanduíche favorito da rainha não tem segredos de preparo. Difícil é encontrar por aqui os ingredientes com o selo real – aquela coroa dourada estampada na embalagem que vem acompanhada da frase *By Appointment to Her Majesty the Queen*, indicação de que o produto tem aprovação da rainha...

SANDUÍCHE DE PEPINO

1 pepino comum

Sal a gosto

3,5 g a 7 g (1 a 2 colheres de chá) de menta fresca (ou hortelã)

Manteiga sem sal e amolecida (em temperatura ambiente) a gosto

8 fatias de pão de fôrma branco sem casca

Pimenta-do-reino moída na hora a gosto

[4 porções]

1. Descasque o pepino e corte-o em rodelas finas. Tempere com um pouco de sal, ponha em uma peneira e deixe escorrer por 15 minutos, apertando de vez em quando para retirar o excesso de água. Seque em papel-toalha e reserve.

2. Pique a menta (ou hortelã) bem fininha.

3. Com uma faca, espalhe a manteiga amolecida em todas as fatias de pão, apenas de um lado. Salpique a menta picada.

4. Espalhe o pepino sobre as fatias com manteiga, fazendo duas camadas de rodelas. Ajuste o sal (se necessário) e tempere com pimenta-do-reino moída na hora.

5. Cubra os sanduíches com as fatias restantes. Aperte suavemente com as mãos e corte as bordas do pão com uma faca afiada para tirar a casca.

6. Corte os sanduíches em metades, no sentido diagonal, e sirva.

SANDUÍCHE DE SALMÃO

3,5 g a 7 g (1 a 2 colheres de chá) de menta fresca (ou hortelã)

Manteiga sem sal e amolecida (em temperatura ambiente) a gosto

8 fatias de pão de fôrma branco sem casca

200 g de salmão defumado

Pimenta-do-reino moída na hora a gosto

[4 porções]

1. Pique a menta (ou hortelã) bem fininha.

2. Com uma faca, espalhe a manteiga amolecida em todas as fatias de pão, apenas de um lado. Salpique a menta picada.

3. Distribua as fatias de salmão sobre quatro fatias de pão. Tempere com pimenta a gosto.

4. Feche o sanduíche com as outras quatro fatias e aperte suavemente com as mãos.

5. Com uma faca afiada, corte os sanduíches em metades, no sentido diagonal, e sirva.

PARA NÃO ERRAR

» Sirva os sanduíches de pepino e os de salmão juntos. Prepare-os na hora de servir.
» Use manteiga de boa qualidade, bem amolecida.

O MEU BAR

Desculpem a falta de modéstia, mas um dos melhores sanduíches de São Paulo está no cardápio do meu bar, o Balcão, na esquina da Alameda Tietê com a Dr. Melo Alves, nos Jardins. Bom, tecnicamente ele pertence aos meus queridos amigos, Ticha Gregori e Chico Millan. Mas é o bar que frequento. Lugar despretensioso, com boa música, cheio de gente conhecida e que ainda por cima tem o balcão mais charmoso da cidade e uma gravura enorme do Roy Lichtenstein na parede. Não precisaria mais. Acontece que tem mais: o Balcão carpaccio. Só de pensar, dá vontade de ir lá comer. Este sanduíche tem atributos notáveis, começando pelo pão: uma ciabatta fresquíssima e crocante, cortada ao meio e levemente aquecida na chapa só até firmar a superfície interna. A montagem começa com uma camada de mostarda suave. Sobre ela, duas ou três camadas de fatias de carpaccio geladinhas (mas não congeladas!) e, por cima da carne, alcaparras picadas e bastante queijo parmesão de boa qualidade ralado grosso. Tem de ser montado na hora, para não esquentar a carne nem encharcar o pão.

Nunca pedi a receita... A única que conheço na casa é a do hambúrguer da capa, na qual tenho participação – foi uma criação a quatro mãos, uma espécie de parceria nossa com a revista americana *Food & Wine*. Na época, eu era editora da revista *Gula* e estava procurando um hambúrguer diferente para a matéria de capa. Achei uma receita interessante na revista americana e liguei para a Ticha. "Você pode testar um hambúrguer aí no Balcão e se der certo a gente faz a foto para a capa da *Gula* amanhã?" Uma coisa assim só se pede para uma amiga. "Como é a receita?", ela perguntou. Fui lendo, traduzindo e já editando, tirando aquilo que parecia excessivo, dando uns pitacos. Havia só uma dúvida: o queijo blackjack, que tinha grande importância porque a receita

mandava misturar o queijo e a carne. Desligamos e a Ticha correu para o Santa Luzia. Não tinha o tal queijo americano, mas ela descobriu as características e voltou com um parecido. Testou. Não ficou feliz com a primeira versão. Fez uns ajustes e o hambúrguer foi parar na capa da *Gula* – e dali para o cardápio do Balcão, devidamente batizado como "Hambúrguer da Capa". A foto está lá na parede, para quem quiser comprovar.

SANDUBA DE CARPACCIO

1 pão ciabatta fresco de tamanho médio

6 g (1 colher de chá) de alcaparras

2,5 ml (½ colher de chá) de mostarda de Dijon

16 ml (1 colher de sopa) de azeite extravirgem

6 a 8 fatias de carpaccio comprado pronto

30 g (3 colheres de sopa) de queijo parmesão ralado grosso

[1 sanduíche]

1. Corte o pão ao meio, no sentido vertical, e ponha as duas metades sobre uma chapa quente (não é para tostar, apenas para firmar a superfície).

2. Escorra, lave e seque as alcaparras, depois pique-as bem finas.

3. Tire o pão da chapa e passe mostarda nas duas fatias.

4. Misture o azeite e as alcaparras, espalhe um pouco em uma das metades do pão.

5. Ponha o carpaccio por cima das alcaparras com azeite, de modo a cobrir toda a superfície do pão. Distribua por cima as alcaparras restantes.

6. Rale o queijo parmesão no ralo grosso e espalhe pelo sanduíche antes de cobrir com a outra fatia de pão.

7. Cubra o sanduíche com a outra metade do pão e sirva imediatamente.

PARA NÃO ERRAR

» Prepare o sanduíche na hora de servir, para não amolecer.
» Tire o carpaccio do congelador 5 minutos antes de utilizar.

HERANÇA VIKING

Smørrebrød é uma palavra difícil, mas o sanduíche aberto dinamarquês é tão bom que vale a pena aprender a dizer seu nome. Saber o significado ajuda: *smør*, em dinamarquês, é manteiga; *brød* é pão. E a base de todo smørrebrød é uma fatia grossa de pão de centeio coberta por generosa porção de manteiga. Mas o que interessa mesmo é o que vai por cima – peixes, carnes, queijos, embutidos, conservas, folhas, legumes, compotas e até molhos. São texturas, cores e formas distintas, dispostas de maneira atraente.

Esse tipo de sanduíche é herança dos vikings, que levavam pão de centeio nas viagens e colocavam manteiga e cebola por cima na hora de comer. Na Idade Média, em todo o norte da Europa, já era costume cobrir as fatias de pão com sobras de alimentos. Mais tarde, esse se tornou o almoço dos camponeses e, no século XIX, quando eles trocaram os campos pelas fábricas, levaram para as cidades o hábito do sanduíche aberto. Em pouco tempo, o smørrebrød se popularizou em Copenhague e em outras cidades, sendo vendido em carrinhos pelas ruas com incrível variedade de sabores. Virou mania, acabou cansando, perdendo popularidade e foi esquecido.

Há alguns anos, os dinamarqueses o redescobriram e ele voltou às boas, dessa vez feito com ingredientes nobres, montado como obra de arte. Está tão em alta que inspirou até um guia especializado, o *Insider's Guide to Smørrebrød*, de Ole Troelsø, que apresenta os melhores endereços de Copenhague para comer o sanduíche aberto – entre eles o Schønnemann, um lugar simples e tradicional que existe há 137 anos e faz os melhores sanduíches abertos da cidade, além de ter uma coleção de mais de cem tipos de *schnapps* e *eau de vie*, entre as artesanais e as industrializadas.

Quem me deu a dica do lugar foi o Rodrigo Oliveira, do Mocotó. Ambos estávamos na cidade para o MAD Food Camp, o evento gastronômico organizado pelo chef dinamarquês René Redzépi. Rodrigo tinha ido ao restaurante na véspera, levado por um chef tão talentoso como divertido, o Bo Bech, dono do Geist. Ele me contou que ficaram a tarde toda provando diferentes sanduíches. Eu não podia perder. Passei lá, sem reserva, na hora do almoço. Sem chance. Eu ia embora naquele dia, insisti e fiquei parada ali. O dono do lugar apareceu e me disse para voltar depois das três da tarde. Obedeci, cheguei com as malas e fui dali direto para o aeroporto. Bem feliz, depois de ter (exageradamente!) provado o smørrebrød de salmão e o de arenque, igualmente memoráveis. Ah, a sobremesa também é inesquecível: um enrolado de marzipã coberto por chocolate e servido quente.

SANDUÍCHE ABERTO DE ABACATE E CAMARÃO

4 camarões grandes ou 12 médios

Sal a gosto

2 avocados bem maduros (ou um abacate pequeno)

Suco de 1 limão-taiti

48 ml (3 colheres de sopa) de azeite extravirgem

2 lâminas finas de 1 dente de alho

½ cebola roxa

20 g (2 colheres de sopa) de manteiga sem sal em temperatura ambiente

4 fatias de pão de centeio

4 punhados de folhas de miniagrião

4 punhados de brotos de alfafa

Pimenta-do-reino moída na hora a gosto

[4 porções]

1. Cozinhe os camarões sem casca em água fervente com sal por apenas 2 minutos. Escorra-os e passe em água gelada para brecar o cozimento. Reserve.

2. Ponha a polpa de dois avocados bem maduros em um processador. Tempere com sal, limão e azeite e bata para misturar.

3. Pique o alho e a cebola em fatias finas, misture ao avocado e bata novamente até formar um creme. Ajuste os temperos (talvez seja necessário colocar mais sal e limão) e mexa bem.

4. Espalhe uma camada fina de manteiga sobre as fatias de pão. Por cima, adicione uma camada grossa de creme de avocado.

5. Distribua o miniagrião sobre o creme de avocado, coloque alguns brotos de alfafa e, por cima de cada fatia, acomode um camarão grande já cozido.

6. Ajuste o sal e a pimenta e sirva em seguida para as folhas não murcharem e o abacate não oxidar.

MONTADITO NÃO É BOCADILLO NEM PINTXO

Na Espanha, o sanduíche aberto é chamado de montadito e está por toda parte – quando o sanduíche é fechado, chama-se bocadillo, e só se for de pão de fôrma é que vira sanduíche. O pintxo seria um montadito, não fosse por um detalhe: o palito que prende a cobertura ao pão, à moda basca. E, a rigor, nenhum deles pode ser chamado de tapa, que é uma porção servida no pratinho, para comer com garfo e faca ou com as mãos. Haja especialização para matar a fome entre as refeições!

Aliás, dizem que os espanhóis criaram tantas porções e bocados justamente para aguentar esperar as refeições – eles almoçam entre uma e quatro da tarde e jantam das nove às onze da noite. Nos intervalos, beliscam. A piada local, contada com gosto, é que, enquanto o mundo faz pausas no trabalho para as refeições, os espanhóis fazem pausa nas refeições para trabalhar.

Um montadito clássico começa com uma fatia de pão pequena e ingredientes variados montados sobre eles. Vale tudo, da simples lasca de *jamón* serrano sobre um pedaço de pão às combinações mais sofisticadas. Alguns montaditos são quase obras de arte, como os do Quimet & Quimet, um lugar simples e centenário de Barcelona, onde os sanduíches abertos são feitos de conservas espetaculares. Anchovas do Cantábrico, ventresca de atum de almadraba, pimentão, azeitona, aspargos, alcachofras... as conservas ficam expostas num balcão. Os montaditos são preparados na hora, na frente do cliente, num esquema que lembra o dos bares de sushi. Não há mesas, nem cadeiras, nem bancos no balcão; apenas duas ou três mesinhas altas para apoiar pratos e copos – fica todo mundo se acotovelando no lugar lotado. O Quimet nasceu como uma bodega, vendendo vinhos – vocação que mantém até hoje, com as paredes abarrotadas de garrafas.

As conservas são colocadas sobre torradas de pão redondo e combinadas com queijos variados, cremosos, firmes, de mofo azul, de mofo branco... Para terminar, um fio de mel, um toque de azeite aromatizado ou um pouco de molho. Um dos montaditos mais famosos ali leva fatias de salmão defumado, iogurte grego e mel de trufas; tem também um de alcachofras, tomate e queijo tipo brie, que é fantástico. E ainda o de pimentão, camarão e caviar; o de aspargos brancos, o de anchovas...

Apesar de ser impossível reproduzir os montaditos do Quimet & Quimet por causa da excelência das conservas, dá para pegar o espírito do lugar e fazer em casa belos sanduíches abertos de sotaque espanhol. O ideal é variar os sabores e, de preferência, acompanhar com um bom cava, o tradicional espumante espanhol.

MONTADITO DE SALMÃO

120 g (½ xícara) de iogurte grego

2 pães redondos pequenos de casca grossa

8 fatias de salmão defumado

Mel trufado (se gostar) ou um bom mel de abelha nativa

[2 porções]

1. Forre uma peneira pequena com um pano fino (pode ser tipo perfex novo), acomode-a sobre uma vasilha pequena e ponha o iogurte grego na geladeira para escorrer por 2 ou 3 horas. Tire da geladeira e reserve.

2. Corte os pães ao meio e leve ao forno apenas para deixar a superfície firme, sem escurecer.

3. Ponha duas colheres de iogurte sobre cada fatia de pão e acomode por cima duas fatias de salmão.

4. Finalize com um fio de mel e sirva.

MONTADITO DE ALCACHOFRA

8 minitomates sweet grape

Sal a gosto

Pimenta-do-reino moída na hora a gosto

Azeite extravirgem (de boa qualidade!) a gosto

2 pães redondos pequenos de casca grossa

8 minialcachofras em conserva

8 fatias de queijo de massa mole e mofo branco (tipo brie ou camembert) em temperatura ambiente

20 g (2 colheres de sopa) de ovas de capelin

[2 porções]

1. Lave, seque e corte os tomates ao meio no sentido vertical. Disponha-os sobre uma assadeira, tempere com sal e pimenta, regue com azeite e leve ao forno baixo para assar até que fiquem secos e enrugados, por aproximadamente 20 minutos. Tire do forno e reserve.

2. Corte os pães ao meio e leve-os ao forno para tostar ligeiramente. Tire quando a superfície estiver firme, mas não espere escurecer.

3. Corte as minialcachofras ao meio e distribua-as sobre as torradas.

4. Ponha duas fatias de queijo sobre cada torrada.

5. Distribua os tomates sobre o queijo.

6. Regue com azeite, ponha as ovas de capelin e sirva.

PARA NÃO ERRAR

» Monte os sanduíches na hora de servir, para evitar que a torrada amoleça.
» Use pão fresco. Ele deve ser assado para firmar, mas não pode estar duro e seco.
» Ingredientes de boa qualidade fazem toda a diferença nesta receita!

PÃO DURO, QUEIJO RESSECADO

Pão duro e queijo ressecado são a base de um dos melhores sanduíches do mundo, ícone da *cucina povera*. A *mozzarella in carrozza* foi inventada para aproveitar o pão velho e a muçarela que já estava perdendo o frescor. E a integridade da receita depende, de fato, dos ingredientes nesse estágio: é que o pão amanhecido é mais firme e segura melhor o recheio, além de sustentar a mistura de farinha e ovos que faz a crosta empanada, sem deixar o sanduíche perder a forma durante a fritura. A muçarela ainda fresca, mas longe do apogeu, é um pouco mais seca e não encharca o pão. Combinação perfeita.

Lá pelas tantas, os napolitanos tiveram a ideia de esfregar anchovas em conserva no pão – grande contribuição, que faz o contraste de sabores, empresta sal e agrega perfeitamente o pão e a muçarela. O resultado é um espetáculo: o queijo derrete, mas não escapa, protegido entre as duas fatias de pão empanado, crocante e quentinho; a fritura em azeite dá um perfume especial. Uma delícia! Ok, não é um sanduíche para comer todo dia, mas de vez em quando...

A tradução de *mozzarella in carrozza* é, como parece óbvio, muçarela na carroça. O que ninguém sabe é dizer o motivo do nome. Há várias explicações. A mais difundida é a de que a muçarela fica protegida por duas fatias de pão, como se estivesse dentro de uma carroça. A outra, mais divertida, é a de que o nome seria uma provocação dos pobres aos nobres: esse sanduíche, que era coisa de pobre, teria surgido na segunda metade do século XIX, no reino das Duas Sicílias, justo na época em que o rei Ferdinando inaugurou o primeiro trecho da estrada de ferro – o trem transportava os ricos, os pobres iam de carroça.

MOZZARELLA IN CARROZZA

2 filés de anchova em conserva

4 fatias de pão de fôrma sem casca

200 g (5 ou 6 bolas) de muçarela de búfala

2 folhas de manjericão (opcional)

2 ovos

Sal a gosto

Pimenta-do-reino moída na hora a gosto

120 g (1 xícara) de farinha de trigo

240 ml (1 xícara) de azeite extravirgem

[2 porções]

1. Amasse os filés de anchova com um garfo e espalhe-os sobre as fatias de pão.

2. Corte a muçarela em fatias grossas (se estiver muito úmida, seque-a com papel-toalha antes) e escorra por aproximadamente 15 minutos.

3. Espalhe as rodelas de muçarela sobre duas fatias de pão.

4. Se for usar manjericão, fatie as folhas e espalhe sobre a muçarela.

5. Feche os sanduíches com as outras duas fatias, apertando bem nas laterais.

6. Quebre os ovos, ponha-os em um prato fundo e tempere com sal e pimenta-do-reino moída na hora. Em outro prato fundo, espalhe a farinha de trigo.

7. Passe os sanduíches na farinha de trigo dos dois lados e depois no ovo, dos dois lados. (Sim, é essa a ordem, nesse caso!)

8. Aqueça o azeite numa frigideira.

9. Frite os sanduíches no azeite, um de cada vez, deixando dourar. Escorra, corte em quatro partes e sirva na hora.

PARA NÃO ERRAR

» Aperte bem o sanduíche com as mãos antes de empaná-lo.
» Frite no azeite, não use óleo ou manteiga. Faz toda a diferença.
» Se quiser, pode cortar os sanduíches antes e fritar os pedaços.

SOBREMESAS

KITCHEN NIGHTMARE

Meu caso com o britânico Gordon Ramsay foi de antipatia à primeira vista. Fiquei com uma impressão tão ruim que levei anos para abrir os dois livros de receita que a assessora dele me deu depois da entrevista em Londres. Quando abri, não achei graça em nada. Um dia, vi na estante e resolvi dar outra chance. Até que o sujeito sabe algumas coisas, admito.

A malfadada entrevista foi em 2004. Nascido em Glasgow, na Escócia, Ramsay era um fenômeno no Reino Unido. Não saía dos jornais, mas nem sempre por causa dos atributos de sua cozinha: uma vez recusou reserva para a cantora Madonna; outra, expulsou um famoso crítico (A. A. Gill, do *The Sunday Times*) de seu restaurante porque o cara tinha falado mal do lugar. Proibiu celulares, música ambiente e, de quebra, foi parar na delegacia quando reagiu contra uma mulher que bateu em sua Ferrari acidentalmente. Ele era uma peste. Mas seu império gastronômico não parava de crescer. Na época, incluía um três estrelas, o Gordon Ramsay at Chelsea, um restaurante no clássico hotel Claridge's (cujo sofá de veludo vermelho no elevador, conduzido por ascensorista de cartola e luvas brancas, nunca vou esquecer) e várias outras casas espalhadas pela cidade. Ainda não tinha chegado aos Estados Unidos. Nem a Dubai. Estava se preparando para o *reality show Kitchen Nightmare*, em que visitaria restaurantes malsucedidos e apontaria soluções (não quero parecer implicante, mas o programa terminou em 2014 com uma contabilidade nada a favor do chef: 60% dos restaurantes que ele ajudou faliram! A notícia saiu no jornal português *DN Globo*).

Achei que seria um bom personagem. Li tudo o que encontrei sobre Gordon Ramsay, da biografia às notícias de jornal. A sociedade com o sogro milionário, o suicídio de um chef dentro de uma de suas cozinhas, a carreira de jogador de futebol no Rangers F.C. encerrada por uma grave contusão. E marquei a entrevista.

Gordon Ramsay se atrasou três horas e meia. Acontece. Não se desculpou nem fez nenhuma menção ao horário. Acontece. Não estava a fim de dar entrevista para uma remota revista do Brasil. Acontece. Conversou com má vontade, respondia de forma rápida e burocrática a qualquer pergunta, com olhar vago, mirando minha testa. Instintivamente, comecei a olhar a testa dele. E foi aí que me fascinei: nunca tinha visto sulcos tão profundos, me lembraram os do Chet Baker (sem ofensas, Chet!), e não consegui mais prestar atenção nas frases prontas que ele ia despejando. O que me salvou na hora de escrever a reportagem foi que eu tinha gravado a entrevista. No fim, foi até engraçado, o cara era tão absurdo que eu e o fotógrafo Cesar Cury nos divertimos muito quando saímos de lá, lembrando cada detalhe.

Depois disso, não havia comida capaz de apagar a sensação ruim – em todos os seus restaurantes, eu ia provando e deixando no prato. O famoso ravióli de lagosta cozido no vapor era sal puro, o turbot com vinho tinto não poderia ser mais sem graça. Só se salvaram as sobremesas (ele tem formação de confeiteiro): a trilogia de maracujá e uma incrivelmente reconfortante tarte tatin servida numa cocotte de cobre. Foi a maior saia justa; os restaurantes tinham câmera, a equipe que tinha nos recepcionado durante dois dias inteiros nas cozinhas na maior gentileza começou a mandar os garçons perguntarem o que estava havendo, se não estávamos gostando dos pratos. "Está tudo ótimo, mas eu apenas provo, não costumo comer", menti para amenizar.

Lembrei-me desse episódio vendo no GNT um programa bem diferente do *Hell's Kitchen* e dos

outros *reality shows* em que ele não poupa humilhações aos participantes (será que o prazer em torturar cozinheiros é uma vingança pela vez em que Joël Robuchon atirou raviólis quentes na cara dele, anos atrás? Puro trauma?).

Na primeira cena do novo programa, com uma cara bem meiga, ele dizia assim: "Meu nome é Gordon Ramsay, esta é minha casa, esta é minha cozinha, esta é minha família". Mostrava a casa (espetacular, toda de vidro), apresentava a família (mulher e quatro filhos adolescentes) e cozinhava com cada um deles – até apertou a bochecha do menino, coitado, diante das câmeras. Dei risada e pensei: quem não te conhece que te compre. Mas tenho uma lembrança boa do sujeito, não posso negar: é a tarte tatin de pera servida numa panelinha de cobre. Copiei a ideia: adaptei uma receita de tarte tatin à caçarolinha. Ficou ótima, uma sobremesa perfeita para um dia frio.

TARTE TATIN DE PERA

8 a 10 peras pequenas firmes

160 g (1 xícara) de açúcar

80 g (½ tablete menos 2 colheres de sopa) de manteiga sem sal em cubinhos

1 massa folhada pronta

[4 minitortas]

1. Descasque e corte as peras em fatias de espessura média, tirando o cabo e as sementes. Ponha-as na água, cubra com filme plástico e reserve.

2. Ponha duas colheres de açúcar em uma panelinha, adicione 20 g (2 colheres de sopa) de manteiga e leve ao fogo baixo, mexendo até dissolver o açúcar. Assim que derreter, pare de mexer e cozinhe até começar a formar um caramelo. Faça o mesmo com as outras três panelinhas, uma por vez.

3. Distribua as peras fatiadas nas panelinhas da maneira mais uniforme que conseguir, apoiando uma fatia na outra. Deixe cozinhar por uns 8 ou 10 minutos, até amolecer as peras. Fique de olho para não queimar.

4. Abra a massa folhada e corte rodelas no diâmetro da caçarolinha. Cubra cada uma com a massa e leve ao forno para dourar por 10 a 15 minutos.

5. Tire as panelinhas do forno, vire as tarte tatin em pratos de sobremesa (você vai precisar de agilidade!) e devolva para as panelinhas com as peras no topo. Sirva quentes.

PARA NÃO ERRAR

» O mais difícil nessa receita é virar a torta duas vezes: primeiro da panelinha para o prato e depois de volta para a panelinha. Você provavelmente vai errar algumas vezes até pegar o jeito (eu errei muitas...). Mas vale a pena.

» Se achar muito complicado, faça a mesma receita em uma frigideira grande, vire apenas uma vez e sirva em um prato.

» As tarte tatin podem ser servidas puras ou acompanhadas de sorvete de creme, chantilly ou crème fraîche.

QUEBRANDO TABUS

Nunca tinha ouvido falar de Mari Hirata até entrar numa oficina em que ela preparava doces, no Boa Mesa, evento que reunia grandes nomes da gastronomia em São Paulo, no começo dos anos 2000. Japonesa nas feições e perfeições, na delicadeza dos modos, no jeito de se vestir, mas brasileira de espírito e humor, Mari estava cortando fatias finíssimas e idênticas de frutas num mandoline. Ia acomodando lâminas de morango, pera, caqui e maçã com arte sobre um silpat – eu também nunca tinha ouvido falar do silpat, uma manta de silicone antiaderente e resistente ao calor, especial para assar. Antes de colocar as frutas no forno, espalhou sobre elas um pouco de açúcar impalpável, um açúcar finíssimo especial para confeitaria, do qual eu também nunca tinha ouvido falar.

Bom, àquela altura eu não tinha ouvido falar de muita coisa; ainda estava começando no jornalismo gastronômico, mas fiquei fascinada com o tanto que aprendi com a Mari em duas horas. E ela fazia tudo parecer fácil – aliás, foi assim que, anos mais tarde, acabei me metendo a fazer sushi, depois de ler a receita no primeiro livro dela, *As minhas receitas japonesas*. Nem vale a pena descrever o estado final da cozinha, da cozinheira e a aparência dos nigiris, mas tenho que registrar que segui as indicações da Mari e o sushi deu certo. Fiz uma única (e última!) vez, que me serviu para mudar a maneira de encarar a conta dos restaurantes japoneses: eles até que cobram pouco pelo trabalho que têm.

Mari Hirata é jornalista e chef de cozinha. Nasceu e cresceu no Brasil, mas vive em Tóquio, onde se dedica a dar aulas de cozinha (ela às vezes viaja com grupos de alunos para cozinhar em outros países – babei quando ela contou que um dia desses levou um grupo de alunas para fazer geleias na França). Também faz roteiros gastronômicos e reservas em restaurantes para turistas que vão ao Japão para comer. Conhece os melhores lugares, não só os mais famosos.

Lá pelas tantas na vida, Mari descobriu que gostava mesmo era de fazer doces – ela tinha se mudado para Paris para estudar design e nos intervalos frequentava cursos de confeitaria; só que os intervalos foram ficando cada vez maiores, como ela conta, até que trocou de profissão. Trabalhou em alguns restaurantes, entre eles o L'Arpège, de Alain Passard, e quando já dominava os segredos de chiffons, massas choux e suflês, entre outras doçuras, desembarcou de mala e cuia em Tóquio para aprender as artes da confeitaria japonesa.

Acabou quebrando um tabu milenar, o de que mulher não serve para a confeitaria (assim como não serviria para fazer sushi) por causa das mãos mais quentes que as dos homens. Foi a primeira mulher admitida numa confeitaria em Tóquio, em 1984 – só conseguiu a vaga numa pequena lojinha de doces porque o confeiteiro anterior morreu repentinamente e o dono estava desesperado, mas passou dois anos sem poder tocar nos doces, só mexendo panelas enormes de arroz e feijão, que são a base da confeitaria wagashi (a confeitaria tradicional japonesa, a da cerimônia do chá; a vertente que mistura técnicas francesas e ingredientes orientais chama-se yogashi). Àquela altura, o dono da confeitaria não tinha ideia do talento que estava desperdiçando nos panelões...

A vida de doceira no Japão terminou quando ela foi admitida na confeitaria mais tradicional do país, a Toraya, fornecedora oficial de doces da Casa Imperial. É que ela se apaixonou por Sato, confeiteiro na mesma loja, e teve de deixar o trabalho. Desde que se casaram, uma ou duas vezes por ano, Mari vem ao Brasil (foi um trato feito com Sato). Em agosto está sempre aqui: chega com as malas cheias de ingredientes e coisas para contar. Encontra os amigos, vai a restaurantes, dá sua aula na Escola Wilma Kövesi e algumas aulas fechadas e concorridíssimas, de temas variados.

No livro lançado no fim de 2016, *Mari Hirata Sensei – por Haydée Belda*, a gente fica sabendo que a Mari começa a preparar uma refeição pela sobremesa! Ela conta que só depois de ter um doce extraordinário à espera dos convidados é que começa a fazer o jantar. Seu chiffon é espetacular: ela vai variando o sabor, sem jamais perder a leveza. O primeiro que provei, anos atrás, era de matchá. Incrível. No último livro tem o chiffon de laranja – e era o que eu ia fazer aqui, mas as mexericas estavam tão perfumadas...

O segredo do chiffon, como ela ensina, está na consistência das claras, que não podem estar secas. Estarão prontas no momento em que não caírem da tigela se a virarmos de cabeça para baixo. Ela recomenda uma fôrma especial para esse tipo de bolo, que tem as bordas altas e retas, com um furo no meio e nunca deve ser untada. Mas não tenho a fôrma e mesmo assim meu chiffon dá certo!

CHIFFON DE MEXERICA

160 g de gemas (6 ou 7 ovos)

300 g (2 xícaras) de açúcar

100 ml (½ xícara menos 2 colheres de sopa) de óleo vegetal

225 g (2 xícaras menos 1 colher de sopa) de farinha de trigo

10 g (1 colher de sopa) de fermento químico em pó

3,5 g de sal (1 colher de chá) e mais 1 pitada

160 ml (⅔ de xícara) de suco de mexerica (ou laranja)

Casca ralada de 2 mexericas (ou laranjas)

370 g de claras (aproximadamente 10 ovos)

Açúcar de confeiteiro para polvilhar

[12 porções]

1. Bata as gemas com 100 g de açúcar na batedeira até ficarem esbranquiçadas. Em seguida, vá colocando o óleo em fio sem parar de bater. Desligue quando incorporar bem.

2. Em outro recipiente, faça uma mistura seca com a farinha, o fermento e o sal e passe três vezes por uma peneira.

3. Adicione o suco e as raspas da mexerica à mistura da batedeira e misture com uma espátula. Em seguida, junte a mistura seca (farinha, fermento e sal) peneirada, misture novamente e reserve.

4. Na batedeira, bata as claras com uma pitada de sal. Deixe-as bem espumosas e acrescente os 200 g restantes de açúcar aos poucos. Vá aumentando a velocidade da batedeira aos poucos, até as claras ficarem firmes e cremosas, formando um suspiro.

5. Adicione ⅓ do suspiro à massa de mexerica e misture delicadamente com a espátula até obter uma massa lisa. Junte aos poucos o suspiro restante, misturando em movimentos suaves de baixo para cima até os traços de clara desaparecerem.

6. Coloque a massa na fôrma (não untada). Bata a fôrma na superfície de trabalho para eliminar as bolhas de ar.

7. Preaqueça o forno a 180 °C por 5 minutos e asse na mesma temperatura de 45 a 55 minutos. Não abra o forno nos primeiros 30 minutos. Para saber se está pronto, faça o teste do palito: espete um palito de dente no bolo e, se sair limpo, está pronto.

8. Tire o bolo do forno e deixe a fôrma de cabeça para baixo sobre o gargalo de uma garrafa até esfriar (encaixe o furo da fôrma no gargalo da garrafa), para evitar que murche. Depois de frio, passe uma espátula fina em toda a volta da fôrma para desenformar o bolo.

9. Desenforme o bolo sobre um prato de servir, polvilhe açúcar de confeiteiro pela superfície e sirva.

PARA NÃO ERRAR

» Bata as claras em picos firmes, sem deixar secar.

JOVEM COM PINTA DE VELHO

Com pinta de clássico, é difícil acreditar que o tiramisu tem menos de cinquenta anos. Como é que ninguém tinha pensado antes nessa combinação? Queijo mascarpone, biscoito, gemas, creme de leite batido, açúcar, café e cacau em pó. Tudo montado em camadas rústicas, as texturas se alternando: crocante, líquido, creme. Sobremesa gelada, para comer de colher. Com tantos atributos, ele logo fez fama, arrebatou os italianos de norte a sul e foi dar banda no exterior.

O tiramisu surgiu num restaurante em Treviso, no Vêneto – o Alle Beccherie, que fechou as portas em 2014, depois de 76 anos de funcionamento. Pelo menos essa é a versão da história aceita pela Accademia Italiana della Cucina. Na verdade, o doce começou a aparecer no cardápio da casa, inspirado na boa e velha gemada, a partir de 1954 e foi ganhando ingredientes, até ser considerado pronto em 1972. Passou a ser visto no estrangeiro uns dez ou doze anos mais tarde, depois de ter saído na revista *Vin Veneto*, em 1981.

Acontece que os italianos se empolgam quando o assunto é comida e têm muitas histórias sobre a origem da sobremesa, algumas envolvendo até personagens célebres, como o grão-duque Cosimo III de Médici e o conde de Cavour (aquele da unificação da Itália), além de rainhas sem nome que teriam dado o ar da graça em diferentes cidades e recebido a sobremesa como homenagem (qualquer semelhança com a história – verídica – da pizza *margherita*...). Tem até quem acredite que o tiramisu surgiu num bordel, embora não haja consenso sobre o momento em que o doce era servido. Na entrada, para honrar a fama de afrodisíaca da mistura de café, ovos e açúcar? Ou na saída, o que explicaria o nome, que quer dizer "levanta-me"?

O fato é que, em quase cinquenta anos de história, essa espécie de pavê gelado foi ganhando diferentes versões por toda a Itália. O tiramisu siciliano é feito com ricota e creme de leite em vez de mascarpone; na Emília-Romanha, a bolacha savoiardi (parente da bolacha champanhe) dá lugar ao chocolate derretido no fundo da taça; no centro da Itália, o biscoito preferido é o amaretto, feito de amêndoas; no Friuli e na Venezia Giulia, o creme de ovos leva manteiga; e há, ainda, receitas que combinam café e vinho Marsala, ou licor Amaretto Disaronno, como é costume na Lombardia. Isso sem falar nas versões nada ortodoxas, que foram aparecendo pelo mundo e levam até pão de mel ou panetone. Difícil é encontrar algum que supere o original. Não existe. Mas achei um espetacular tiramisu de limoncello no *Il libro del tiramisù*, que saiu na Itália em março de 2015. Na dúvida entre qual dos dois escolher, incluí minhas duas versões das receitas aqui, a de limoncello e a clássica.

TIRAMISU CLÁSSICO

250 ml (1 xícara bem cheia) de creme de leite fresco

6 gemas

250 g (1 e ½ xícara) de açúcar

250 g (1 xícara) de queijo mascarpone

60 ml (¼ de xícara) de vinho Marsala

480 ml (2 xícaras) de café forte (melhor se for expresso)

30 biscoitos tipo champanhe

Cacau em pó para polvilhar

[6 porções]

1. Bata o creme de leite na batedeira até formar um chantilly. Transfira para outro recipiente e reserve.

2. Lave a tigela e a pá da batedeira e ponha as gemas e o açúcar. Bata até obter um creme branco e fofo.

3. Adicione o queijo mascarpone às gemas batidas e misture delicadamente com uma espátula. Acrescente o chantilly, misturando de forma suave, de modo a incorporar muito bem todos os ingredientes do creme.

4. Adicione o vinho Marsala ao creme e misture com a espátula.

5. Em um prato fundo, ponha o café forte e molhe cada biscoito rapidamente, apenas de um lado, de modo a cobrir a superfície sem amolecer o interior.

6. Faça uma camada de biscoitos molhados no café no fundo do pote de servir. Em seguida, cubra-a com metade do creme. Faça mais uma camada de biscoitos e uma camada grossa de creme.

7. Polvilhe o cacau em pó por cima usando uma peneira pequena. Cubra com um filme plástico e deixe na geladeira por pelo menos 3 horas antes de servir.

TIRAMISU DE LIMONCELLO

60 ml (¼ de xícara) de licor de limão-siciliano (limoncello)

200 ml (1 xícara menos 3 colheres) de creme de leite fresco

30 g (3 colheres de sopa) de açúcar

250 g (1 xícara) de queijo mascarpone

Raspas de 2 limões-sicilianos

60 ml (¼ de xícara) de leite

18 a 20 biscoitos champanhe

½ xícara de amêndoas sem pele cortadas em lâminas

[6 porções]

1. Faça um creme de limoncello misturando 100 ml (mais ou menos ½ xícara) de creme de leite fresco com 60 ml de licor de limoncello. Reserve.

2. Ponha o creme de leite restante e o açúcar na vasilha da batedeira e bata até formar um creme.

3. Junte o mascarpone ao creme da batedeira e mexa delicadamente com a espátula até incorporar bem.

4. Acrescente as raspas da casca de um limão e metade do creme de limoncello. Misture delicadamente.

5. Em outra vasilha funda, misture o creme de limoncello restante com o leite e embeba levemente cada biscoito nessa mistura.

6. Forre o fundo da tigela de servir com os biscoitos embebidos na mistura de creme de limoncello e leite.

7. Cubra os biscoitos com metade do creme com o mascarpone, faça outra camada com os biscoitos restantes e finalize com uma camada grossa do creme.

8. Espalhe as lâminas de amêndoa pela superfície, cubra com um filme plástico e deixe na geladeira por pelo menos 3 horas antes de servir.

INESQUECÍVEL

Essa torta musse de chocolate do Charlô entrou para a minha lista de favoritos há uns vinte anos – desde que ele ainda era "o tal de Charlô Whately", um cara com jeito meio chique, meio pop, que tinha morado em Paris, fazia patês incríveis e, em 1988, abriu um restaurante estreitinho e muito charmoso na Barão de Capanema. O lugar era uma graça, um misto de deli e bistrô. Quiches, tortas, saladas, algumas massas e carnes ficavam num balcão e as pessoas se serviam. Eu vivia lá. E desde essa época o Charlô não me conhece.

A favor dele, admito que os nossos encontros são bastante esporádicos, embora se repitam há duas décadas.... Mas ele não grava a minha cara de jeito nenhum. Toda vez me olha meio de lado, com aquele jeito de *não-tenho-certeza-mas-acho-já-te-vi-em-algum-lugar*. Não diz nada no primeiro momento, mas passa um pouco de tempo e ele faz uma pergunta do tipo "A gente se conhece de onde mesmo?". Uma vez, liguei para ele: "Charlô, estamos fazendo um especial de Natal com receitas de arroz, você quer participar?". Topou e ligou no dia seguinte para avisar que ia fazer um arroz com galinha-d'angola e quiabo. Marcamos data e hora para ele ir à cozinha do *Paladar*. E não é que, quando me viu lá, ele se espantou?! "Você por aqui?" Caí na risada. "Assim já é demais, Charlô, fui eu que te liguei para fazer esta matéria, estamos nos falando há dias." E ele respondeu: "Ah, você eu conheço, mas não sabia que era do *Paladar*".

Da última vez que ele não me reconheceu, pagou caro. Charlô estava abrindo o Cha Cha, em fevereiro de 2015; marquei de ir lá conhecer e fazer uma matéria. Entrei, acenei, ele deu um "tchauzinho". Escolhi uma mesa, pedi uma terrine de pato e tirei meu bloquinho de anotação da bolsa. Passou um pouco, ele veio saber se estava tudo bem, ficou me olhando e perguntou: "Você trabalha aqui perto"?. Bingo. "Meu nome é Patrícia, Charlô, vim fazer uma matéria." Pela primeira vez, notei que ele ficou sem graça e emendei: "Está resolvido, vou te mandar uma foto minha num porta-retratos, você põe no escritório e de vez em quando dá uma olhadinha". Rimos. Ele se sentou um pouco, falou sobre o restaurante, sobre os pratos. Olhei o cardápio e não achei a "minha" torta musse de chocolate. "Está aí, sim, é essa torta americana", ele disse, "receita da União".

Não entendi. E então ele contou que tinha descoberto esta torta num concurso de receitas de consumidores, promovido pelo Açúcar União. Gostou e colocou no cardápio. A original tinha só uma camada fininha de musse e estava mais para bolo. Charlô notou que as pessoas gostavam mais da parte da musse e foi aumentando a proporção até chegar à ideal: uma musse firme com uma camada fininha de massa. E o fato é que ele ampliou o Bistrô Charlô, abriu bufê, assumiu o restaurante do Jockey (depois largou) e nunca tirou a torta do cardápio.

Ah, a visita ao Cha Cha saiu cara para ele porque pedi a receita da torta musse para publicar aqui. "Está no meu livro *Charlô, of course*; vou te mandar um exemplar." E mandou mesmo. Uns dias depois recebi o livro com a seguinte dedicatória: "Para Patrícia, a inesquecível".

Depois disso (e de eu ter contado que essa história tinha rendido uma crônica no livro que estava escrevendo), ele finalmente gravou minha cara. Mas, sempre que nos encontramos, eu testo.

TORTA MUSSE

250 g (1 tablete e mais ¼) de manteiga

250 g (1 e ½ xícara) de açúcar

7 ovos em temperatura ambiente

250 g (1 e ½ xícara) de chocolate em pó peneirado

[10 a 12 porções]

1. Bata muito bem a manteiga e o açúcar na batedeira.
2. Acrescente os ovos, um a um, sem parar de bater.
3. Junte o chocolate em pó e continue batendo até obter um creme bem claro.
4. Divida a massa em quatro partes. Separe uma parte e cubra o fundo de uma fôrma de aro removível de 20 cm de diâmetro.
5. Preaqueça o forno a 180 °C e leve para assar por aproximadamente 10 minutos ou até que, enfiando um palito, ele saia limpo da massa.
6. Tire a massa do forno e deixe esfriar. Quando estiver completamente fria, espalhe o restante do creme sobre ela e leve à geladeira por 3 ou 4 horas até firmar bem.

PARA NÃO ERRAR

» Use chocolate em pó – de preferência amargo – de boa qualidade.
» Espere a massa esfriar completamente antes de cobrir com o creme de chocolate restante e levar à geladeira.

COMO NASCE UM CLÁSSICO

Esta é a melhor sobremesa do Pasquale – embora eu seja suspeita para julgar porque tenho participação direta na criação. Ela entrou para o cardápio logo que o restaurante se mudou para a Rua Amália de Noronha, em 2005. Na época, era eu quem escrevia as críticas da *Gula* e fui lá almoçar com duas amigas da redação, a Cláudia Mota e a Cristiana Menichelli. Fazia um calor infernal, incomum para o mês de setembro, e na hora da sobremesa a gente queria alguma coisa fresquinha. Só tinha compota de goiaba e de kinkan. Achamos que as laranjinhas poderiam combinar com sorvete de creme. Não tinha. Nem coalhada? Iogurte? Nada, só um queijo fresco cremoso bem leve que o produtor tinha acabado de deixar ali. Talvez desse certo. Pedimos um prato só, com as duas compotas, o queijo e três colheres. A sobremesa foi batizada de "Gula" e virou um clássico da casa.

O cardápio do Pasquale está cheio de pratos criados a pedido dos clientes. Aliás, o próprio restaurante nasceu a pedido dos clientes – o italiano Pasquale Nigro não planejava abrir uma cantina; o que ele queria era mudar de vida, estava cansado de vender seguros e resolveu vender antepastos. A ideia era distribuir suas conservas para restaurantes e também direto ao público, e ele inaugurou uma lojinha em Pinheiros, em 2001. Mas as abobrinhas, as berinjelas, a soppressata, a caponata, a alichella e a sardella expostas no balcão davam água na boca; o pessoal chegava e pedia para provar ali mesmo. Será que não tinha um pãozinho? Ele arranjou um que não era italiano, mas português de casca grossa. Em pouco tempo, comprar os embutidos do Pasquale virou programa. Ele improvisou umas mesinhas, comprou alguns vinhos. Alguém pediu uma massa. Ele providenciou e, quando se deu conta, tinha um restaurante. Como o movimento só aumentava, ele precisou da ajuda da mulher e dos filhos. Os preços eram bons, os antepastos e as massas faziam sucesso, o clima informal atraía as pessoas e "o restaurante do Pasquale", que oficialmente se chamava Antipastos Mediterrâneo, foi ganhando fama de bom e barato e, com isso, filas na porta.

O lugar ficou pequeno, então Pasquale encontrou uma casa maior e batizou com seu nome, em 2005. Com o indefectível boné branco e o avental, foi anotando as sugestões dos clientes e colocando no cardápio. Será que dava para servir uma dose de grappa com aquele sorvete de creme com expresso? Dava, e lá foi o pedido do Duran (o fotógrafo J. R. Duran) para o cardápio. O Ignácio de Loyola Brandão tinha mania de pedir orecchiette com brócolis ao alho e óleo: o prato virou Loyola 37. "É o número da cadeira dele na Academia Paulista de Letras", conta Pasquale. E quem é a tal *ragazza* que inspirou a massa ao alho e óleo com muçarela de búfala, manjericão, tomate picado e azeitona? Essa não se sabe. Era a namorada de um cliente que mandava sempre o motorista buscar espaguete à carbonara. Uma vez o sujeito pediu também alguma coisa leve para a namorada. Pasquale inventou e a massa virou a receita *della ragazza*.

Em 2011, o restaurante se mudou para a Vila Madalena, bem em frente à quadra da escola de samba Pérola Negra, da qual Pasquale já foi diretor e é fundador da velha guarda. O local é maior, com estacionamento na frente, adega climatizada (os preços andaram subindo...). Pasquale continua ali, anotando os pedidos de clientes, e, sempre que surge alguma receita interessante, ou uma sugestão de gente famosa, aumenta um pouco o cardápio. Não sei como ele faz a compota de kinkan, mas a minha também é bem boa.

COMPOTA DE KINKAN COM FROMAGE BLANC

500 g de laranjinhas kinkan
250 g (1 e ½ xícara) de açúcar
240 ml (1 xícara) de água
300 g de fromage blanc ou iogurte natural

[1 pote grande]

1. Lave as kinkans e deixe de molho por 24 horas, trocando a água uma vez durante esse período.

2. Troque a água novamente, ponha as laranjinhas em uma panela (com a água) e deixe ferver. Tire do fogo e escorra.

3. Retire as extremidades das laranjinhas e corte-as ao meio. Com um palito, retire os caroços (que são muitos).

4. Ponha o açúcar e a água em outra panela de fundo grosso, mexa para diluir o açúcar e depois não mexa mais para a calda não açucarar. Deixe-a engrossar um pouco.

5. Junte as laranjinhas à calda de açúcar e cozinhe por aproximadamente 40 minutos, mexendo de vez em quando para não grudar no fundo.

6. Esterilize um pote de vidro e a tampa: ponha na água fervendo, deixe imerso por alguns minutos, depois tire e deixe escorrer virado para baixo.

7. Tire a compota do fogo e, enquanto ainda estiver quente, despeje no pote esterilizado. Tampe e guarde.

8. Sirva a compota com o fromage blanc gelado ou o iogurte grego. Se optar pelo iogurte, deixe escorrer por 2 horas sobre uma peneira forrada com pano de cozinha (tipo perfex novo).

PARA NÃO ERRAR

» A compota dura 2 ou 3 semanas. Depois de aberta, mantenha na geladeira.

» Trocar a água em que as kinkans ficam de molho ajuda a reduzir o amargor.

» Tire os caroços das kinkans com um palito: dá trabalho, mas, se não fizer isso, além de amargar a compota, fica bem chato de comer.

» Mantenha o queijo na geladeira até a hora de servir. Quanto mais gelado, melhor.

À MESA COM MURPHY

De tempos em tempos a Lei de Murphy faz questão de mostrar que continua em vigor. Houve uma época em que ela me acompanhava toda vez que eu ia conhecer um restaurante novo. Era olhar a carta de vinhos e meu olho pousava direto no rótulo que o sommelier não encontrava na adega – às vezes por puro azar do sujeito, mas colocar um bom vinho com preço baixo e dizer que acabou é manjado truque de restaurante. Só que nos primeiros dias o vinho não poderia ter acabado e lá vinha o sommelier, contrariado, oferecer outro rótulo melhor pelo mesmo preço – essa é a regra, deveria ser praxe, mas geralmente só é cumprida nos primeiros tempos do lugar, para conquistar a clientela. Resolvida a questão do vinho, começavam outros deslizes: o garçom trazia o couvert não pedido, o commis servia água com gás no copo que ainda tinha água sem gás; algum prato chegava fora do ponto, ou era trocado; a conta tinha algum item extra, o manobrista não trazia o carro de jeito nenhum...

Na inauguração do Piselli, em 2004, a Lei de Murphy se manifestou sem clemência. Fui avaliar o restaurante na semana da abertura. Um crítico não costuma fazer isso; dá uns dias para o lugar se ajeitar antes de escrever. E era o que eu fazia quando era crítica da *Gula* (embora eu ache que se a casa já abriu e está cobrando o preço integral do cliente, deve estar em perfeitas condições de ser avaliada). Só que o restaurante do ex-maître e sommelier do Gero, Juscelino Pereira, abriu poucos dias antes do fechamento mensal da revista, e, se eu não fosse naquela semana, teria de esperar mais um mês e falar da casa depois de todos os outros veículos. Adiei a visita ao máximo. Reservei uma mesa para quatro pessoas um dia antes do fechamento da edição e convidei meu marido e um casal de amigos, a Ticha e o Chico Millan, assim conseguiria provar vários pratos numa única visita. Estávamos todos ansiosos pela comida italiana clássica de inclinação para o Piemonte que prometia bom custo-benefício. O Piselli estava sendo apresentado como um Gero mais barato. Parecia convidativo.

Não notei quando a Lei de Murphy deu os primeiros sinais na véspera da visita ao restaurante – tive um inesperado pico de pressão alta (talvez o único da minha vida em condições de rotina) e o doutor Ary Andrade, meu médico, fez duas recomendações: cortar o sal e colocar um *holter*, aquele aparelho que mede a pressão arterial durante 24 horas, de tempos em tempos. Cheguei ao Piselli feito mulher-bomba, tentando disfarçar o aparelho na cintura com um blazer. A comida estava ótima e deu tudo certo até a sobremesa. Os doces eram lindos, tentadores, mas achei falta de imaginação repetir o acabamento de açúcar polvilhado por cima de todos eles. Dei uma garfada no babá ao rum, estranhei. Peguei outro pedaço, o doce estava salgado. A reação à mesa foi idêntica e instantânea: as quatro sobremesas tinham sido polvilhadas com sal. Chamei o Juscelino. "O pote de sal está perto do pote de açúcar na cozinha?" Craque no ramo, ele nem me esperou acabar a pergunta e voou para a cozinha.

Quando a crítica saiu na revista, Juscelino ligou para agradecer por eu não ter me referido ao episódio. Não foi gentileza da minha parte, não contei por uma única razão: aquilo não tinha sido um erro técnico, tinha sido um acidente. Depois disso, por sorte, a Lei de Murphy deu um tempo ao meu garfo. De vez em quando aparece, mas agora não tenho mais que escrever críticas.

BABÁ AO RUM EM CALDA CÍTRICA

75 ml (⅓ de xícara) de leite

5 g (½ colher de sopa) de fermento biológico seco

15 g (1 e ½ colher de sopa) de açúcar (para a massa)

200 g (1 e ½ xícara mais 2 colheres de sopa) de farinha de trigo

1 pitada de sal

2 ovos

75 g (¼ de tablete mais 2 colheres de sopa) de manteiga derretida

1 laranja

1 limão-siciliano

400 ml (1 xícara mais ⅔) de água

400 g (2 e ½ xícaras) de açúcar (para a calda)

1 fava de baunilha

1 canela em pau

150 ml (½ xícara mais 2 colheres de sopa) de rum

[6 porções]

1. Aqueça o leite, despeje em uma tigela com o fermento e misture para dissolver. Reserve.

2. Ponha na batedeira o açúcar, a farinha e o sal e bata usando o batedor tipo gancho.

3. Desligue a batedeira, adicione o leite com o fermento e os ovos e mexa com uma espátula até formar uma massa elástica.

4. Ligue novamente a batedeira e acrescente a manteiga derretida aos poucos, sem parar de bater.

5. Distribua a massa em seis forminhas para muffin ou, se preferir, use uma fôrma grande de pudim com furo no meio.

6. Deixe a massa crescer de 20 minutos aproximadamente até 1 hora.

7. Preaqueça o forno a 200 °C e asse os bolinhos por aproximadamente 20 minutos, ou até que estejam dourados. Tire do forno e espere esfriar.

8. Raspe as cascas da laranja e do limão (só as partes brancas) usando um ralador fino. Ponha as raspas em uma panela, adicione 400 ml de água e o açúcar, mexa para dissolver.

9. Abra a fava de baunilha ao meio, no sentido do comprimento, raspe o miolo e despeje na água com o açúcar e as raspas. Ponha também as duas metades da fava raspada e a canela em pau.

10. Acrescente o rum à calda e leve ao fogo. Quando ferver, abaixe o fogo e deixe engrossar um pouco, depois desligue.

11. Espere a calda esfriar e despeje sobre os babás.

12. Deixe os babás na calda por pelo menos 6 horas (o ideal é deixar até o dia seguinte) para a massa ficar bem molhada. Sirva com a calda.

PARA NÃO ERRAR

» Deixe os bolinhos e a calda esfriarem antes de misturá-los.

ÍNDICE TEMÁTICO

Fácil e rápida
- » Arroz com camarão à provençal, 157
- » Berinjela aperitivo, 42
- » Brie com alho-poró crocante e vinagrete de framboesa, 30
- » Bruschetta de tomate, 38
- » Cabelo de anjo com manteiga de sálvia, 123
- » Carreteiro de churrasco, 149
- » Ceviche de linguado, 162
- » Charlotte de batata com ovas, 26
- » Espaguete à carbonara, 109
- » Espaguete com feta, 105
- » Espaguete com molho rápido de tomate, alho e azeite, 119
- » Fettuccine ao creme de limão-siciliano, 114
- » Lentilhas com bacon, 152
- » Linguado assado com limão, manjericão, presunto cru e azeitonas, 169
- » Montadito de salmão, 200
- » Montadito de alcachofra, 203
- » Ovos com purê de batata, 64
- » Paella veggie, 141
- » Panzanella, 95
- » Peixe marinado à caprese, 57
- » Risoto de limão-siciliano, 137
- » Risoto de linguiça toscana, 134
- » Salada dei cesari, 89
- » Sanduíche aberto de abacate e camarão, 195
- » Sanduba de carpaccio, 191
- » Sanduíche de pepino, 188
- » Sanduíche de salmão, 189
- » Tâmara recheada com cream cheese e pó de presunto cru, 47
- » Torta musse, 227

Fácil, mas demorada/trabalhosa
- » Arroz de pernil com cachaça, 143
- » Babá ao rum em calda cítrica, 233
- » Bacalhau do Mário, 165
- » Caçarolinha de legumes assados, 35
- » Chiffon de mexerica, 216
- » Compota de kinkan com fromage blanc, 230
- » Mascarpone, 70
- » Mozzarella in carrozza, 205
- » Nhoque de semolina, 129
- » Penne com camarão, tomate e pesto, 103

- » Penne com o molho de tomate da Marcella Hazan, 120
- » Pernil de cordeiro ao forno, 182
- » Queijo de cabra tipo boursin, 69
- » Ribollita, 81
- » Salada de lentilha, miniagrião, beterraba e queijo de cabra, 91
- » Sopa de cebola francesa, 84
- » Stracotto, 178
- » Tacos com pernil e guacamole, 175

Dificuldade média ou difícil
- » Tarte tatin de pera, 213
- » Terrine de foie gras do La Casserole, 50
- » Torresmo de pancetta com goiabada e picles de cebola, 74
- » Tortilha de batatas, 60

Inverno
- » Caçarolinha de legumes assados, 35
- » Ovos com purê de batata, 64
- » Ribollita, 81
- » Salada de lentilha, miniagrião, beterraba e queijo de cabra, 91
- » Sopa de cebola francesa, 74
- » Stracotto, 178

Verão
- » Ceviche de linguado, 162
- » Compota de kinkan com fromage blanc, 230
- » Espaguete com feta, 105
- » Fettuccine ao creme de limão-siciliano, 114
- » Linguado assado com limão, manjericão, presunto cru e azeitonas, 169
- » Peixe marinado à caprese, 57
- » Sanduíche aberto de abacate e camarão, 195

Qualquer época do ano
- » Arroz com camarão à provençal, 157
- » Arroz de pernil com cachaça, 143
- » Babá ao rum em calda cítrica, 233
- » Bacalhau do Mário, 165
- » Berinjela aperitivo, 42
- » Brie com alho-poró crocante e vinagrete de framboesa, 30
- » Cabelo de anjo com manteiga de sálvia, 123

- » Carreteiro de churrasco, 149
- » Charlotte de batata com ovas, 26
- » Chiffon de mexerica, 216
- » Espaguete à carbonara, 109
- » Espaguete com molho rápido de tomate, alho e azeite, 119
- » Lentilhas com bacon, 152
- » Mascarpone, 70
- » Montadito de salmão, 200
- » Montadito de alcachofra, 203
- » Mozzarella in carrozza, 205
- » Nhoque de semolina, 129
- » Paella veggie, 141
- » Penne com camarão, tomate e pesto, 103
- » Pernil de cordeiro ao forno, 182
- » Queijo de cabra tipo boursin, 69
- » Risoto de linguiça toscana, 134
- » Risoto de limão-siciliano, 137
- » Salada dei cesari, 89
- » Sanduba de carpaccio, 191
- » Sanduíche de pepino, 188
- » Sanduíche de salmão, 189
- » Tacos com pernil e guacamole, 175
- » Tâmara recheada com cream cheese e pó de presunto cru, 47
- » Tarte tatin de pera, 213
- » Terrine de foie gras do La Casserole, 50
- » Tiramisu clássico, 221
- » Tiramisu de limoncello, 222
- » Torresmo de pancetta com goiabada e picles de cebola, 74
- » Torta musse, 227
- » Tortilha de batata, 60

Vegetariano
- » Berinjela aperitivo, 42
- » Brie com alho-poró crocante e vinagrete de framboesa, 30
- » Bruschetta de tomate, 38
- » Cabelo de anjo com manteiga de sálvia, 123
- » Charlotte de batata com ovas, 26
- » Espaguete com feta, 105
- » Espaguete com molho rápido de tomate, alho e azeite, 119
- » Fettuccine ao creme de limão-siciliano, 114
- » Mascarpone, 70
- » Nhoque de semolina, 129
- » Ovos com purê de batata, 64
- » Paella veggie, 141
- » Panzanella, 95
- » Queijo de cabra tipo boursin, 69
- » Penne com o molho de tomate da Marcella Hazan, 120
- » Risoto de limão-siciliano, 137

- » Salada de lentilha, miniagrião, beterraba e queijo de cabra, 91
- » Sanduíche de pepino, 188
- » Tortilha de batata, 60

Individual
- » Montadito de alcachofra, 203
- » Montadito de salmão, 200
- » Ovos com purê de batata, 64
- » Peixe marinado à caprese, 57
- » Sanduíche aberto de abacate e camarão, 195
- » Sanduíche de pepino, 188
- » Sanduíche de salmão, 189
- » Sopa de cebola francesa, 84
- » Tarte tatin de pera, 213

Para compartilhar
- » Arroz com camarão à provençal, 157
- » Arroz de pernil com cachaça, 143
- » Bacalhau do Mário, 165
- » Berinjela aperitivo, 42
- » Cabelo de anjo com manteiga de sálvia, 123
- » Carreteiro de churrasco, 149
- » Chiffon de mexerica, 216
- » Compota de kinkan com fromage blanc, 230
- » Espaguete à carbonara, 109
- » Espaguete com molho rápido de tomate, alho e azeite, 119
- » Fettuccine ao creme de limão-siciliano, 114
- » Lentilhas com bacon, 152
- » Linguado assado com limão, manjericão, presunto cru e azeitonas, 169
- » Nhoque de semolina, 129
- » Paella veggie, 141
- » Panzanella, 95
- » Penne com camarão, tomate e pesto, 103
- » Penne com o molho de tomate da Marcella Hazan, 120
- » Pernil de cordeiro ao forno, 182
- » Ribollita, 81
- » Salada de lentilha, miniagrião, beterraba e queijo de cabra, 91
- » Salada dei cesari, 89
- » Stracotto, 178
- » Tacos com pernil e guacamole, 175
- » Tâmara recheada com cream cheese e pó de presunto cru, 47
- » Terrine de foie gras do La Casserole, 50
- » Tiramisu clássico, 221
- » Tiramisu de limoncello, 222
- » Torresmo de pancetta com goiabada e picles de cebola, 74
- » Tortilha de batata, 60
- » Torta musse, 227

PATRÍCIA FERRAZ

É jornalista pós-graduada em gastronomia pela Universidade Anhembi-Morumbi. Desde 2008 é a editora do *Paladar*, a plataforma de gastronomia do jornal *O Estado de S. Paulo*, que inclui o suplemento impresso semanal, o site e as redes sociais. Foi editora da revista *Gula* por dez anos e repórter no *Jornal da Tarde*, pauteira e assistente de chefia de reportagem no departamento de jornalismo da Rede Globo, em São Paulo. *Comida cheia de história* é seu primeiro livro.

» Este livro foi composto com as fontes Absara e Abadi, impresso em papel couché fosco 150 g/m², nas oficinas da Coan Indústria Gráfica, em março de 2018.